MÉTHODE

POUR ACCOMPAGNER

FACILEMENT ET CORRECTEMENT

LE PLAIN-CHANT,

AVEC OU SANS CLAVIER TRANSPOSITEUR,

PAR

M. Eugène HENRY,

ORGANISTE ET MAÎTRE DE CHAPELLE DE LA MÉTROPOLE DE RENNES.

CET OUVRAGE SE TROUVE :

A RENNES,	A PARIS,
CHEZ M. BONNEL,	CHEZ M. RENAUD,
ÉDITEUR DE MUSIQUE,	ÉDITEUR DE MUSIQUE,
Rue Impériale, 3.	Rue du Vieux-Colombier, 3.

1869.

MÉTHODE

POUR

ACCOMPAGNER LE PLAIN-CHANT.

MÉTHODE

POUR ACCOMPAGNER

FACILEMENT ET CORRECTEMENT

LE PLAIN-CHANT,

AVEC OU SANS CLAVIER TRANSPOSITEUR,

PAR

M. Eugène HENRY,

ORGANISTE ET MAITRE DE CHAPELLE DE LA MÉTROPOLE DE RENNES.

CET OUVRAGE SE TROUVE :

A RENNES,	A PARIS,
CHEZ M. BONNEL,	CHEZ M. RENAUD,
ÉDITEUR DE MUSIQUE,	ÉDITEUR DE MUSIQUE,
Rue Impériale, 3.	Rue du Vieux-Colombier, 3.

1869.

PETIT TRAITÉ

POUR

ACCOMPAGNER FACILEMENT ET CORRECTEMENT LE PLAIN-CHANT,

A LA PARTIE SUPÉRIEURE,

AVEC OU SANS CLAVIER TRANSPOSITEUR.

AVERTISSEMENT DE L'AUTEUR.

Lorsque, cédant, il y a quelques mois, aux instances de mes élèves, je les autorisais à mettre en ordre et à autographier le résumé de mes leçons, je ne songeais nullement à donner de la publicité à un travail qui leur était uniquement destiné et que je regardais comme très-incomplet. J'étais loin de m'attendre à l'accueil favorable qu'il devait obtenir et à l'écoulement en moins de huit jours de tous les exemplaires du premier tirage au nombre de 500.

Depuis, j'ai reçu de tous côtés des demandes d'exemplaires. Le désir d'y répondre m'a décidé à revoir mon premier travail, afin de l'améliorer. Le rendre encore plus méthodique, donner des règles simples et faciles pour accompagner correctement le chant sans trop s'écarter de la tonalité ecclésiastique, mais aussi sans trop blesser nos oreilles habituées à la tonalité moderne, joindre à ces règles des exemples éminemment pratiques, tel est le but que je me suis proposé dans ce petit ouvrage. Ceux qui voudront bien en faire usage diront si j'ai réussi.

Eugène HENRY.

PRINCIPES ÉLÉMENTAIRES D'HARMONIE.

L'*harmonie* est le produit de plusieurs sons musicaux entendus simultanément. C'est par la superposition de certains degrés de la gamme que se forment les *accords*. Il faut au moins trois notes pour former un *accord*. La réunion de deux notes ne forme donc pas un accord, mais une fraction d'accord qu'on appelle *intervalle*.

DES INTERVALLES ET DE LEURS RENVERSEMENTS.

On appelle *intervalle* la distance d'un son à un autre. L'intervalle d'une note à celle qui la suit immédiatement se nomme intervalle de *seconde;* l'intervalle d'une note à une troisième s'appelle *tierce*, etc.

Pour éviter toute équivoque, il faut compter les intervalles en *montant*, en partant du son le plus grave. Les noms des intervalles se tirent du nombre des notes qui se trouvent de la plus basse à la plus haute.

TABLEAU DES INTERVALLES.

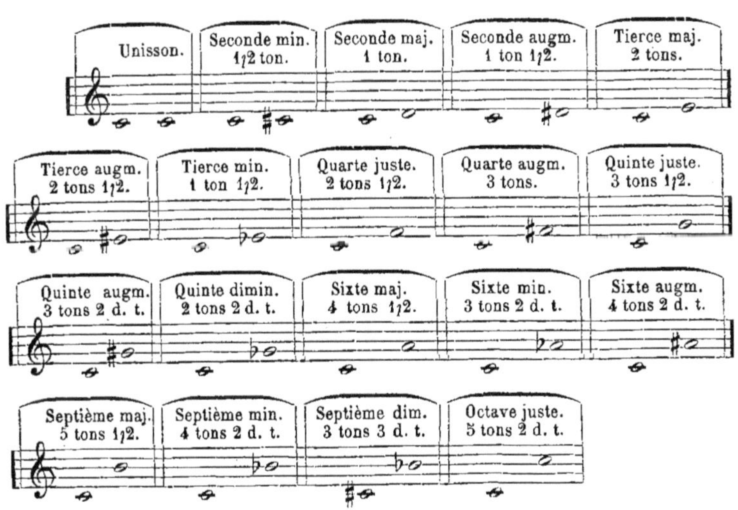

Parmi les intervalles, les uns sont *consonnants* et les autres *dissonants*. Les intervalles *consonnants* sont : la *tierce majeure* ou *mineure,* la *quarte juste,* la *sixte majeure* ou *mineure.* Tous les autres intervalles sont *dissonants.*

DE LA FORMATION DES ACCORDS.

Le premier son inférieur d'un accord prend le nom de *fondamental,* parce qu'il est le plus grave.

Un accord ne peut porter réellement ce nom que s'il présente au moins une succession supérieure de *deux tierces,* lorsqu'il est consonnant, et de *trois* et même de *quatre tierces,* s'il est dissonant. Ainsi l'intervalle *ut, mi,* entendu simultanément, ne forme qu'une fraction d'accord. Pour obtenir absolument un accord, il faut que deux fractions d'accord ou deux *tierces supérieures* soient frappées simultanément. Ainsi, première tierce *ut, mi,* deuxième tierce *mi, sol,* forment l'accord *parfait* composé de la *tonique* ou *fondamentale,* de la *tierce* ou *médiante,* et de la *quinte* ou *dominante.*

L'adjonction de l'*octave* au son fondamental n'ajoute rien à la qualité de l'accord, mais la complète seulement.

Un accord *parfait* est *majeur* ou *mineur.*

L'accord est *majeur* si la première tierce est composée de deux tons.

On place des accords parfaits majeurs sur la 1re, 4e et 5e note de la gamme. Ex. 1.

L'accord est *mineur* si la première tierce n'est composée que d'un ton et demi.

On place des accords parfaits mineurs sur la 2e, 3e et 6e note de la gamme. Ex. 2.

Sur la 7e note on place un accord qui n'est ni majeur ni mineur, on l'appelle accord de *quinte diminuée.* Il se compose de deux tierces mineures. Ex. 3.

ACCORDS DISSONANTS.

Nous avons dit que tous les accords qui avaient plus de *trois sons* étaient dissonants. De tous les accords dissonants, celui qui est d'un usage plus fréquent s'appelle accord de *septième dominante.* Il se place, ainsi que l'indique son nom, sur le *cinquième degré* d'une gamme quelconque, il est composé d'une *tierce majeure* et de deux *tierces mineures*. Ex.

Tous les accords dissonants ayant une résolution *forcée*, voici la résolution naturelle de l'accord de septième *dominante*. La deuxième note doit monter d'un demi-ton, et la quatrième descendre d'un demi-ton; la première et la troisième n'ont pas de résolution forcée. Ex.

De ce qui précède, on conclut qu'il n'y a réellement dans l'harmonie que deux accords *types* dont tous les autres découlent. Le premier est l'accord *parfait majeur* ou *mineur*, et le deuxième celui de *septième dominante*.

RENVERSEMENT DES ACCORDS.

Un accord est *direct* ou *fondamental*, lorsque les notes de cet accord sont disposées par *tierces*. Ex.

Un accord est *renversé* lorsque ce n'est pas la note fondamentale qui est à la base, mais une des autres notes de l'accord, d'où il résulte qu'un accord a autant de renversements qu'il a de notes, moins la *fondamentale*.

ACCORDS DE TROIS SONS AYANT DEUX RENVERSEMENTS.

Lorsque la deuxième note de l'*accord* est à la base, on a le *premier renversement* qu'on appelle accord de *sixte*. Ex. 1.

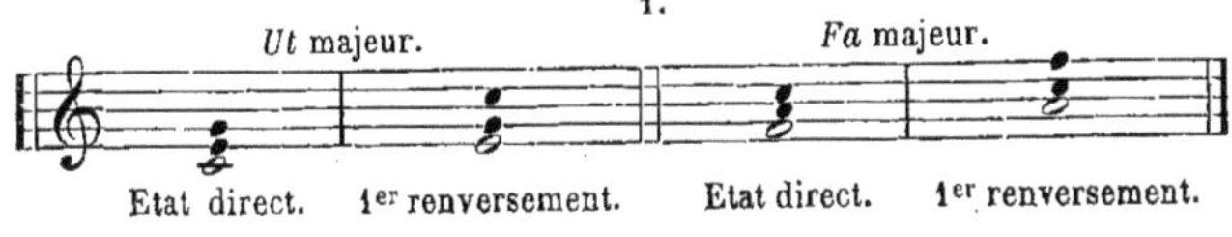

Lorsque c'est la troisième note de l'*accord* qui est à la base, on a le *deuxième renversement*, qu'on appelle accord de *quarte* et de *sixte*. Ex. 2.

ACCORDS DE QUATRE SONS AYANT TROIS RENVERSEMENTS.

D'où il résulte que le premier renversement de toute espèce d'accord se place sur la tierce *supérieure* au son *fondamental*. Le deuxième renversement sur la quinte; le troisième sur la septième, etc. Il est bien entendu que dans un renversement le son *fondamental* déplacé à la base doit être reporté à la partie supérieure.

DES MOUVEMENTS.

On appelle *mouvement* la manière dont sont disposées deux parties. Il y a, en harmonie, trois mouvements, savoir : le mouvement *semblable, oblique, contraire*.

Le mouvement est *semblable*, quand les deux parties montent ou descendent dans le même sens. Ex. 1.

Le mouvement est *oblique*, quand une partie reste en place, tandis que l'autre monte ou descend. Ex. 2.

Enfin, le mouvement est dit *contraire*, quand une partie monte, tandis que l'autre descend, et *vice versâ*. Ex. 3.

Deux quintes de suite, ou deux accords *parfaits* de suite, par le même mouvement, sont défendus. Ex. 1.

Deux *octaves* de suite, par le même mouvement, sont aussi défendues à cause de la pauvreté de l'harmonie. Les *quintes* et les *octaves* sont admissibles, lorsque les sons qui les produisent sont en mouvement contraire. Ex. 2.

DE LA MODULATION.

Moduler c'est changer de ton, ou simplement de *mode;* ainsi, on module quand on passe d'un ton majeur dans un autre ton *majeur* ou dans un ton mineur, etc.

On module encore, lorsque, dans le courant d'un morceau ou d'une pièce de chant, on rencontre un accident étranger à celui qui est à la clef; ainsi, dans une pièce de chant où se trouve un *bémol* à la clef, si on rencontre un *bécarre,* il y a une modulation, etc.

DE LA FAUSSE RELATION.

Lorsque, dans un accord, il se trouve une note affectée d'un *dièze,* d'un *bémol* ou d'un *bécarre,* et qu'immédiatement après, dans un autre accord, la même note se trouve affectée différemment, il y a fausse relation, il faut alors changer l'harmonie. Ex.

NOTES ISOLÉES.

On appelle notes *isolées* celles qui ne rentrent dans aucune des exceptions ou modulations ordinaires.

Ces notes s'accompagnent par leurs accords *parfaits.* Du reste, nous aurons soin de les indiquer dans chaque ton.

Une même note n'est donc pas toujours affectée du même accord; cet accord varie suivant le *ton* et le *mode* dans lequel il se trouve. Les gammes *harmoniques* apprendront à donner à chaque note l'accompagnement qui lui convient.

GAMMES HARMONIQUES.

FORMATION DES GAMMES.

La 1re, 3e, 5e et 8e notes s'accompagnent par la 1re note ou *tonique*.
La 2e note s'accompagne par la *dominante* ou 5e note.
La 4e et la 6e notes s'accompagnent par la *sous-dominante* ou 4e note.
La 7e note s'accompagne par le *premier renversement de l'accord de quinte diminuée*. (L'accord de quinte diminuée se place sur la 7e note et se compose de deux tierces mineures.)
En descendant, la 7e note s'accompagne par la *médiante* ou 3e note.
Les autres notes s'accompagnent comme en montant.

DIFFÉRENTES GAMMES

Qu'il est indispensable d'apprendre, d'abord comme étude, ensuite comme servant à la transposition du Plain-Chant.

GAMMES MAJEURES.

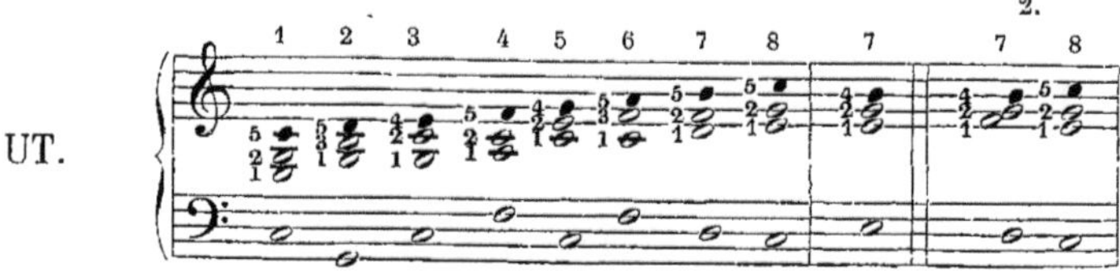

Plusieurs compositeurs adoptent en montant, sur la septième note, l'accord de sixte sensible, c'est-à-dire le deuxième renversement de l'accord de septième dominante. Ex. 2.

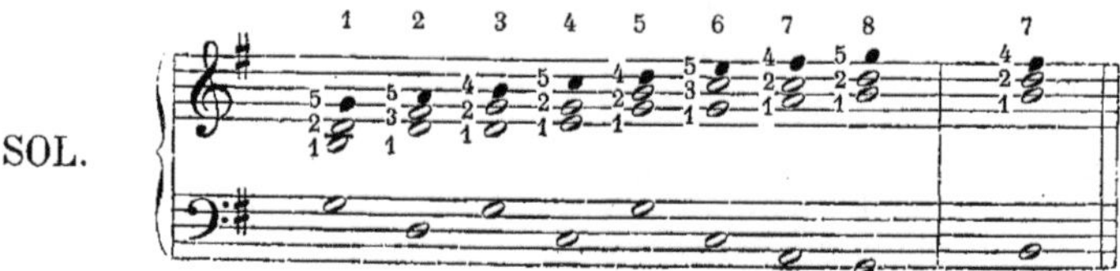

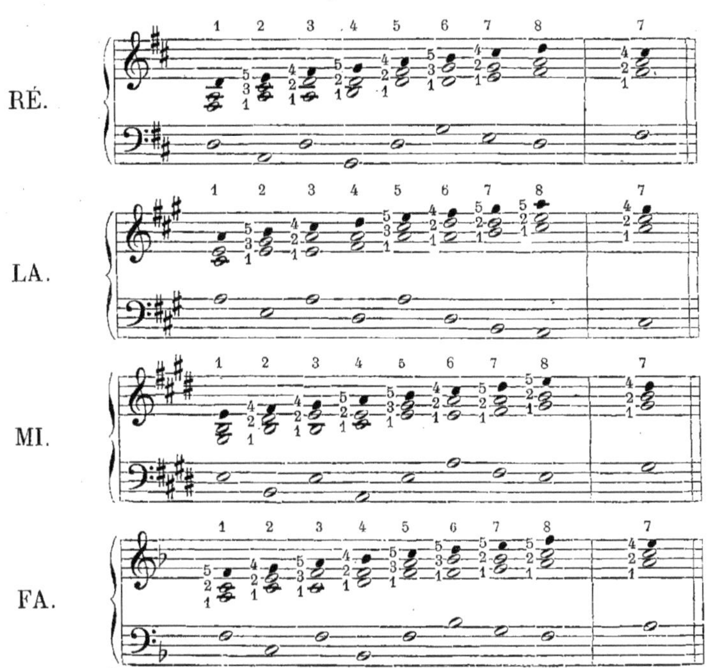

GAMMES MINEURES.

Il y a deux manières de faire la gamme mineure : 1º avec la *sixte mineure*, c'est-à-dire lorsqu'il n'y a qu'un demi-ton entre la cinquième et la sixième note ; 2º avec la *sixte majeure*, c'est-à-dire lorsqu'il y a un ton entre la cinquième et la sixième note.

FORMATION DE LA GAMME AVEC LA *SIXTE MINEURE*.

Dans ces gammes, les six premières notes se construisent selon la règle générale des gammes majeures. La septième note s'accompagne par sa *quinte inférieure*.

Elles se descendent de la même manière.

SIXTE MINEURE.

FORMATION DE LA GAMME MINEURE AVEC LA *SIXTE MAJEURE*.

Les trois premières notes s'accompagnent selon la règle générale des gammes majeures. La *quatrième note* par sa quinte inférieure. A partir de la *cinquième note* commence un *nouveau ton*, c'est-à-dire que cette cinquième note devient *tonique* et la *sixième note* devient *deuxième*, etc...

SIXTE MAJEURE.

APPLICATION DES GAMMES CI-DESSUS.

CINQUIÈME ET SIXIÈME TONS NON TRANSPOSÉS,

C'est-à-dire tels qu'ils sont écrits dans le livre, clef d'ut troisième ligne pour le cinquième ton, et clef d'ut quatrième ligne pour le sixième ton.

Pour accompagner ces deux modes ou tons , on se sert de la gamme de *fa majeur.*

Dans la gamme de *fa* majeur, le *si* est nécessairement bémol ; mais souvent dans le cinquième et le sixième tons on rencontre des *si* ♮. Le *si* ♮ donne lieu à plusieurs modulations.

Observation très-importante. — Lorsque, dans le cinquième et le sixième tons, il se trouve un ♮ à la clef, ou simplement dans le courant du morceau, les notes *ut, ré, mi,* devront s'accompagner par la gamme d'*ut majeur,* par la raison toute simple que le ♮ indique généralement le ton d'*ut majeur,* tandis que le ♭ celui de *fa majeur.*

Iʳᵉ MODULATION.

1° Le *si* ♮, montant à l'*ut,* indique une modulation en *ut majeur,* c'est-à-dire que le *si* ♮ et l'*ut* devront être accompagnés comme dans la gamme d'*ut majeur.* Exemple 1.

Si le *si* ♮ n'est pas précédé du *la,* on peut l'accompagner par *sol.* Exemple 1 *bis.* Il en est de même si le *si* est suivi du *ré.* Exemple 1 *ter.*

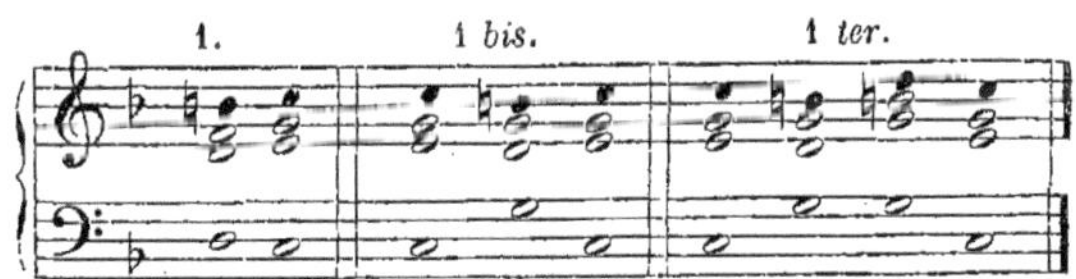

2° Le *si* ♮ descendant au *la* indique une modulation en *la mineur,* c'est-à-dire que le *si* ♮ et le *la* devront être accompagnés comme dans la gamme de *la mineur.* Ex. 2.

Nota. — Lorsque l'*ut* précède le *si* ♮, cet *ut* devra s'accompagner par son *octave* pour éviter *deux quintes* de suite. Ex. 2 *bis.*

Modulation interrompue. — Lorsque le *si* ♮ descend au *la*, il est quelquefois impossible d'accompagner ce *la* en *la mineur*, c'est lorsqu'il est suivi du *fa* ou de l'*ut*. Il faut accompagner ce *la* par le *fa*, pour éviter deux quintes et deux octaves. Ex. 2 *ter*.

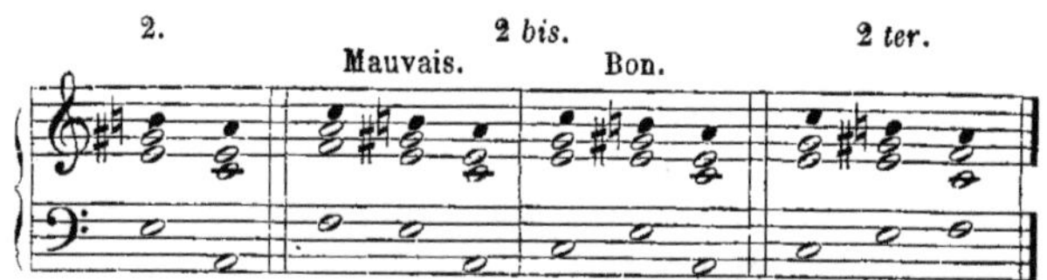

3° Lorsque le *si* ♮ descend au *la* et au *sol* ou simplement au *sol*, la modulation est en *sol majeur*, c'est-à-dire que les trois notes *si* ♮, *la*, *sol*, devront être accompagnées comme dans la gamme de *sol majeur*. Ex. 3.

Remarque. — Dans la modulation en *sol majeur*, lorsque le *la* précède le *si* ♮, il faudra commencer à accompagner en *sol* dès le *la*. Ex. 3 *bis*.

4° Lorsque les cinq notes *ut*, *si* ♮, *la*, *sol*, *fa*, se suivent, ce qui est assez rare, elles s'accompagnent comme dans la gamme d'*ut majeur* descendante. Ex. 4.

2ᵉ MODULATION.

Lorsque la mélodie descend au *ré*, la modulation est en *ré mineur ;* à partir du *mi* qui précède ce *ré*, on accompagne selon la gamme de *ré mineur*. Ex. 5.

Remarque. — Une fois le ton de *ré mineur* bien caractérisé, si la mélodie monte au *fa*, et se termine de nouveau par le *ré*, on doit accompagner ce *fa* en *ré mineur*. Ex. 5 *bis*.

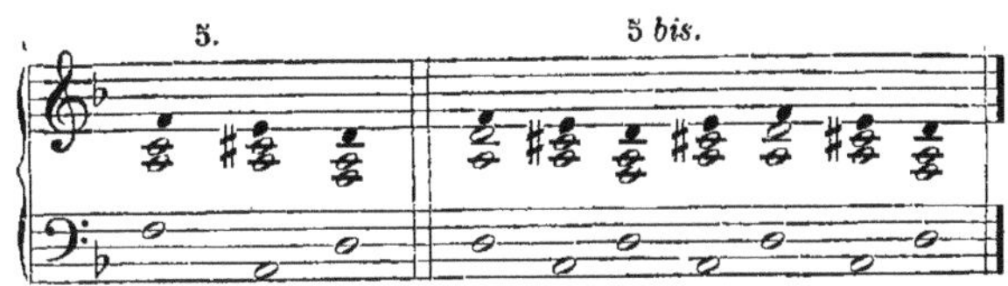

3e MODULATION.

Lorsque la mélodie s'arrête à *ut*, les notes *mi*, *ré*, *ut*, devront s'accompagner comme dans la gamme d'*ut majeur*. Ex. 6.

Observation. — Le *sol* suivi de l'*ut* s'accompagne selon la règle ordinaire, mais l'*ut* devra s'accompagner par son *octave*, sans cela on ferait deux *quintes*; il en est de même de l'*ut* descendant au *sol*. Ex. 7.

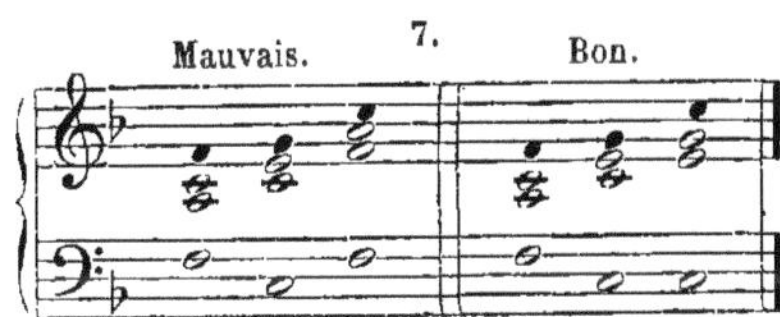

Pour l'application des règles ci-dessus, voir la *communion du sixième ton de la Toussaint*; le *répons* Plange *du cinquième ton du Samedi-Saint*.

NOTES ISOLÉES.

Souvent, dans le *cinquième ton*, il y a des notes que j'appellerai *notes isolées*, c'est-à-dire ne faisant partie d'aucun des groupes des modulations ci-dessus, tel serait le *ré* descendant d'une *quarte* ou d'une *quinte*, c'est-à-dire au *la* ou au *sol*; ce *ré* devra être accompagné par son *octave*, et l'*ut* qui le précédera ou le suivra, par son *accord de sixte*. Ex. 8.

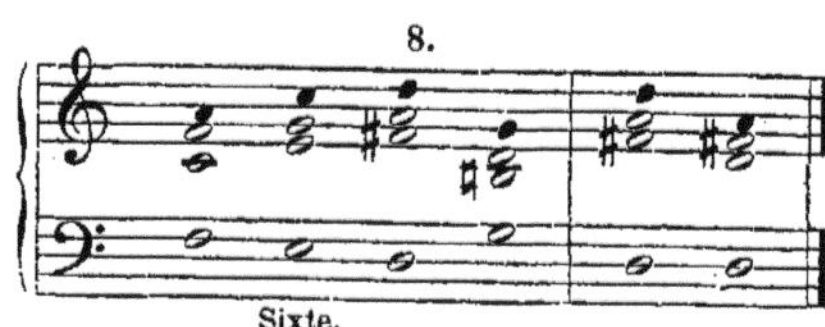

On appelle accord de *sixte* le premier renversement d'un accord parfait, la deuxième note de l'accord est à la base au lieu de la fondamentale. Ex.

Dans le même ton, il faut aussi considérer comme *note isolée* le *sol* descendant d'une *quarte*, c'est-à-dire au *ré*; le *fa* qui précède ce *sol* doit être accompagné par son *accord de sixte*. Ex. 9.

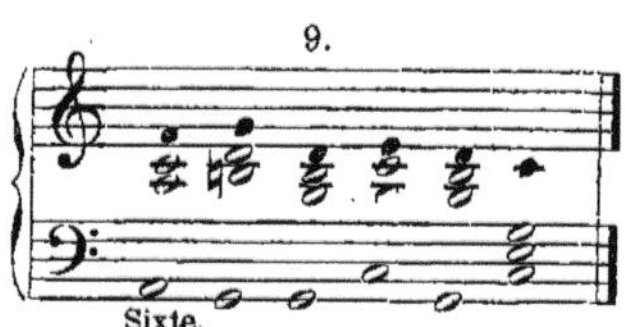

Pour éviter la monotonie qui résulterait d'accompagner toujours le *fa* par le *fa* surtout lorsque cette note est suivie et précédée d'un *sol*, on peut, pour varier l'harmonie, accompagner ce *fa* par *ré*, c'est-à-dire en *ré mineur*. Ex. 10.

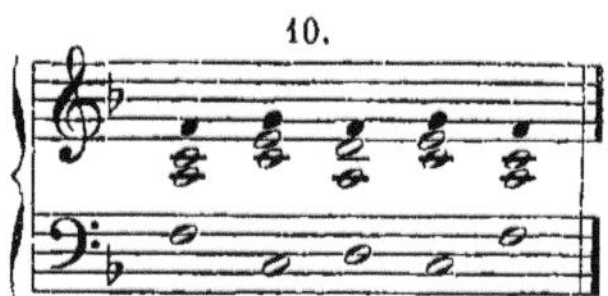

Lorsqu'il y a un repos sur une note, c'est-à-dire lorsque la phrase est finie, ce qui est indiqué par un ou deux points, cette note devra s'accompagner par son accord parfait majeur.

Souvent il arrive que dans le cinquième et le sixième tons, et surtout dans le sixième, qu'il y a des repos sur le *la*; cette note doit donc être accompagnée par son accord parfait majeur. Si cette note est précédée du *si* ♭, ce *si* ♭ sera accompagné par le *sol*. Ex. 11.

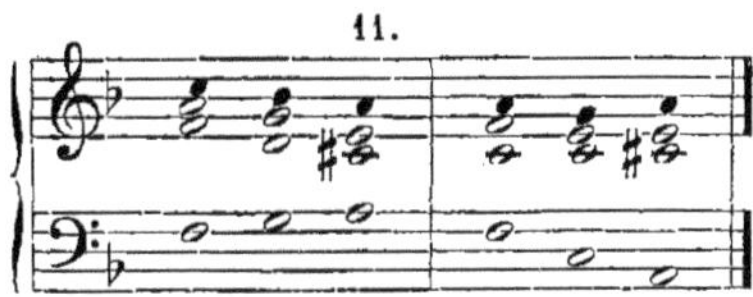

Résumé de toutes les difficultés qui peuvent se rencontrer dans le cinquième et le sixième tons.

Les chiffres indiquent les différentes modulations et correspondent aux règles ci-dessus.

TROISIÈME, SEPTIÈME ET HUITIÈME TONS NON TRANSPOSÉS,

C'est-à-dire clef d'ut quatrième ligne pour le troisième et huitième tons, et clef d'ut troisième ligne pour le septième ton.

GAMME DE SOL MAJEUR.

Cette gamme s'accompagne comme les autres gammes, moins la septième note (*fa*).

Dans le plain-chant il n'y a point de ♯ ; par suite la septième note de la gamme de *sol* étant naturelle, elle s'accompagne par l'accord de *sixte*.

Elle se descend de la même manière. Ex.

Finale du troisième ton (mi). — *Mi* étant la finale du troisième ton, cette note doit s'accompagner par son accord parfait majeur.

Lorsque ce *mi* est précédé du *fa*, ce *fa* s'accompagne par le *ré*.
Ex. 1.

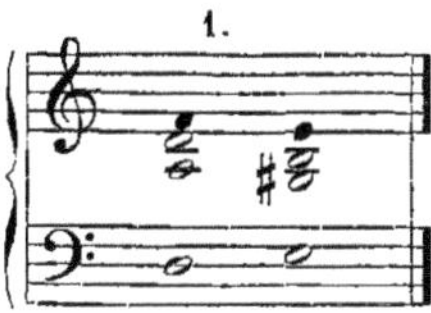

MODULATIONS.

1° Le *si* ♮ dans le livre indique une modulation en *fa majeur*. A
partir du *la* qui précède le *si* ♮, on accompagne selon la gamme de
fa majeur. Ex. 2.

Nota. — Quelquefois le *si* ♮ n'est pas précédé du *la* mais du *sol*,
dans ce cas le *sol* est considéré comme faisant déjà partie de la modulation en *fa majeur*, et s'accompagne par *ut*. Ex. 2 *bis*.

2° Lorsque la mélodie descend au *fa* et s'y arrête, la modulation
est en *fa majeur*, et les notes *la*, *sol*, qui précèdent *fa*, ou *la*, *fa*,
devront être accompagnées comme dans la gamme de *fa majeur*. Ex. 3.

Nota. — Ces deux modulations en *fa majeur* sont très-usitées dans
les troisième et huitième tons.

3° Lorsque les cinq notes *ut*, *si*, *la*, *sol*, *fa*, se suivent, quand bien
même le *sol* manquerait, cette phrase doit s'accompagner comme la
gamme en *ut majeur* descendante. Ex. 4.

4º Lorsque le *la* monte au *ré,* ou que le *ré* descend au *la,* il faudra accompagner ce *ré* par son *octave* pour éviter deux quintes; en outre, l'*ut* qui précèdera ou suivra ce *ré* devra s'accompagner par son accord de *sixte*. Ex. 5.

SEPTIÈME TON.

La dominante du septième ton est *ré;* souvent il se trouve un repos sur ce *ré,* c'est-à-dire qu'après cette note la phrase est terminée par une virgule ou un ou deux points. Ce *ré* doit être accompagné comme tous les repos par son accord *parfait majeur*. Ex. 6.

Quelquefois ce *ré* repos est précédé de l'*ut* : dans ce cas il faudra éviter d'accompagner l'*ut* comme dans la gamme ordinaire, sans cela on ferait deux octaves; on devra l'accompagner par *mi,* c'est-à-dire par l'accord de *sixte*. Ex. 6 *bis*.

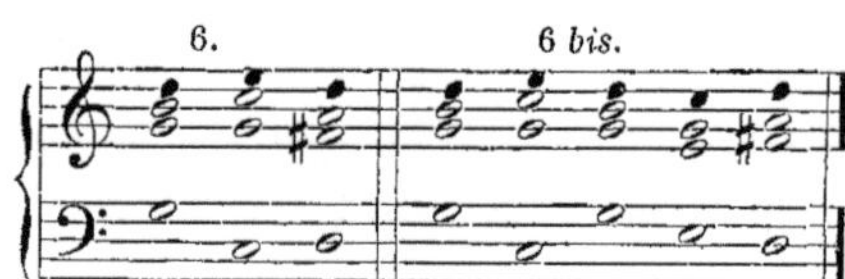

Lorsque les quatre notes *ré, mi, fa, sol* se suivent, soit en montant, soit en descendant, et que la phrase finit bien nettement par *ré ,* ces quatre notes devront s'accompagner selon la gamme de *ré mineur*. Ex. 7.

Quand même le *sol* manquerait à la phrase, on devra néanmoins accompagner en *ré mineur,* si la mélodie se termine par cette note. Ex. 7 *bis*.

NOTA. — Cet exemple se rencontre aussi quelquefois dans les troisième et huitième tons, mais alors il se trouve dans le bas de la gamme, tandis que dans le septième ton il se trouve dans le haut.

EXCEPTION PROPRE AU *TANTUM ERGO* SUR LES NOTES *LA, RÉ*.

Ces deux notes appartenant au premier mode, dont l'une le *la* est la dominante, l'autre le *ré* est la finale, toutes les deux s'accompagnent par leur octave. Ex. 8.

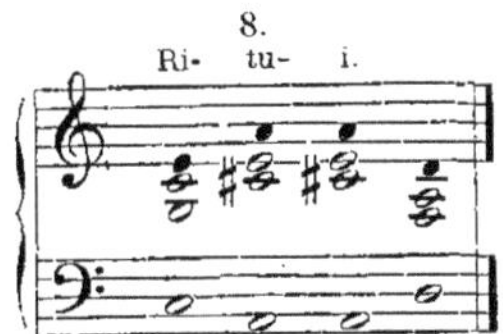

Nous avons dit qu'il n'y avait point de ♯ dans le plain-chant, cependant la tradition exige quelquefois que l'on mette un ♯ devant le *fa*. Voici le seul cas où on doit le mettre :
1º Sur le mot *Creator* et sur le mot *pectora* du *Veni, Creator*.
2º Dans le *Lauda Sion*, sur les finales des phrases.
3º Dans le *Sanctus* des messes de *première classe*, sur les mots *Sabaoth, Hosanna, Domini*.
4º Sur les mots *prodiens* et *exiens* du *Verbum supernum*.
Ce *fa* ♯ s'accompagne par le *ré*.

Résumé de toutes les difficultés qui peuvent se rencontrer dans les troisième et huitième tons (*comme le septième ton doit toujours se transposer, il sera l'objet d'un travail spécial au chapitre transposition*).

Les chiffres indiquent les différentes modulations et correspondent aux règles ci-dessus.

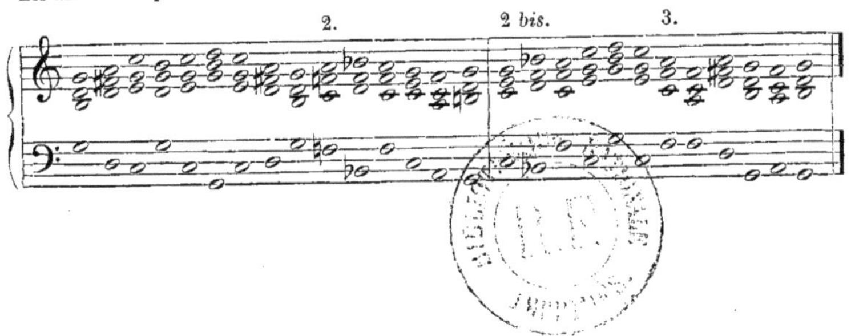

(1) Modulation en *la mineur*, à cause de la barre qui se trouve après le *la* et indique la fin de la phrase. Cette modulation se trouve quelquefois dans le troisième ton.

PREMIER, DEUXIÈME ET QUATRIÈME TONS NON TRANSPOSÉS,

C'est-à-dire clef d'ut quatrième ligne pour le premier et le quatrième tons, et clef de fa troisième ligne pour le deuxième ton.

GAMMES DE RÉ MINEUR.

Les gammes qui servent à accompagner ces trois modes sont : la gamme de *ré mineur* avec *si* ♭, et la même gamme avec le *si* ♮.

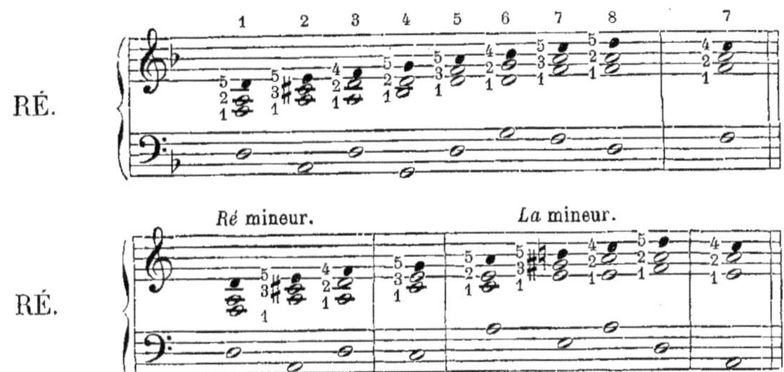

Finale du quatrième ton (mi). — Ce *mi* doit s'accompagner par son accord parfait majeur.

Tantôt ce *mi* est précédé du *fa*, tantôt il est précédé du *ré*; s'il est précédé du *ré,* ce *ré* doit être accompagné par le premier renversement de l'accord de *ré mineur*; c'est-à-dire par l'accord de sixte. Ex. 1 et 1 *bis*.

Le *mi* descendant d'une tierce (ou à l'*ut*) doit changer d'accord pour éviter une fausse relation et deux quintes.

Dans ce cas le *mi* doit être accompagné par l'*ut*, il en est de même de l'*ut* montant au *mi*. Ex. 2 et 2 *bis*.

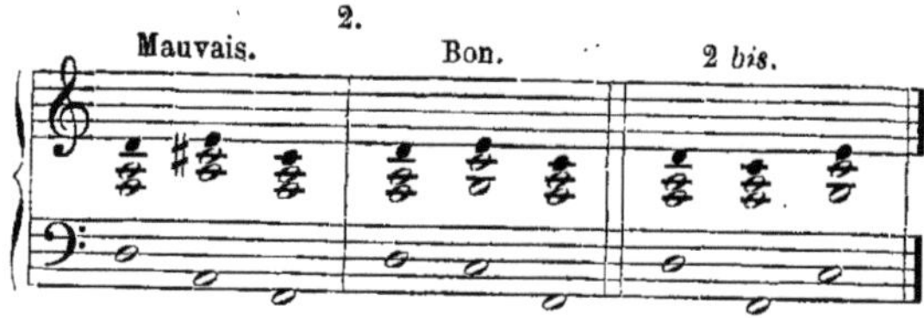

Lorsque la mélodie descend à l'*ut*, et s'y arrête, il y a modulation en *ut majeur;* à partir du *mi* qui précède on accompagne selon la gamme d'*ut majeur*. Ex. 3.

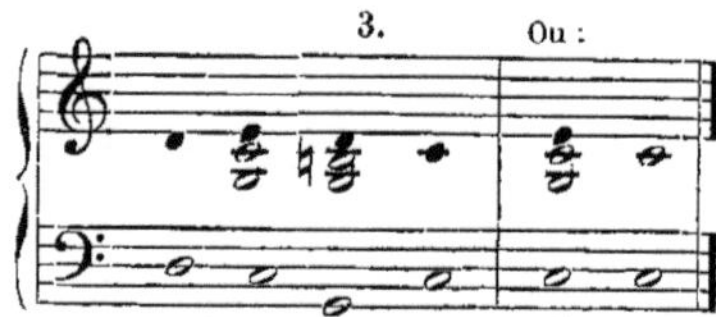

Lorsque le chant fait entendre le *la* et que ce *la* est suivi du *ré* et *vice versa*, on peut accompagner ce *la* par son accord *parfait majeur*, il rentre alors dans la catégorie des notes isolées. Ex. 4.

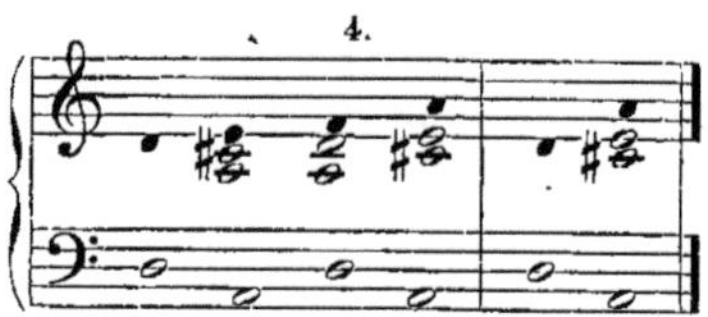

Le *si* ♮ dans le livre indique qu'on doit se servir de la gamme de *ré mineur*, dans laquelle se trouve le *si* ♮. Généralement ce *si* ♮ indique des modulations en *la mineur*. Ex. 5.

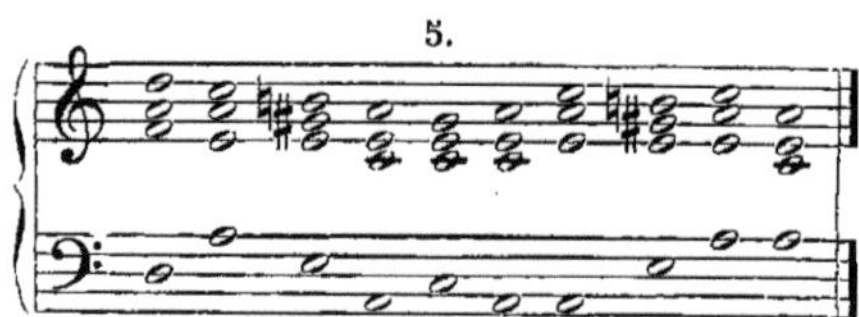

Cependant il est indispensable pour varier l'harmonie de ne pas perdre de vue les différentes modulations produites par le *si* ♮, mo-

dulations qu'on a apprises dans le cinquième et sixième tons , il y a
particulièrement la modulation en *sol majeur* qui se rencontre souvent dans le quatrième ton. Ex. 6.

Nota. — Il est donc bien entendu que dans les premier, deuxième
et quatrième tons , les *si* ♮ suivent les mêmes règles que dans les cinquième et sixième tons.

Exception difficile qui se trouve dans les *Kyrie* des messes de
première classe.

Lorsque les deux notes *si* ♮ et *sol* se suivent, elles indiquent comme
nous venons de le dire , une modulation en *sol majeur*, et s'accompagnent ainsi , seulement les deux notes *la* et *ut* qui précèdent devront
être accompagnées en *ut majeur.* Ex. 6 *bis.*

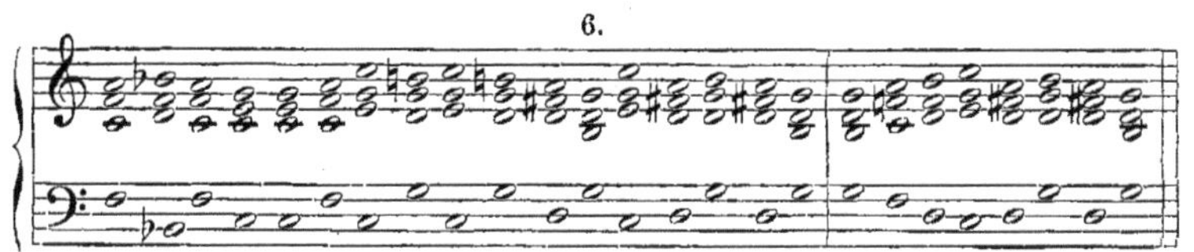

Si l'on se bornait à accompagner les premier, deuxième et quatrième
tons avec les seuls accords des gammes précédentes , *ré mineur*, il
pourrait en résulter de la monotonie. Aussi pour varier l'harmonie,
on peut se servir de la gamme de *fa majeur* : ainsi tous les passages
où il n'y a pas de *ré* ou de *si* ♮ peuvent s'accompagner avec la gamme
de *fa majeur.* Le *si* ♭ surtout est un signe certain qu'on peut accompagner en *fa majeur* (1). Ex. 7.

(1) Au reste, celui qui a tant soit peu l'habitude du plain-chant, devra , par la con-
texture de la phrase, savoir de suite si un passage est en *ré mineur* ou en *fa majeur.*

Seulement il faut éviter de faire suivre l'accord de *la majeur* qui se trouve sur le *mi,* de l'accord de *fa majeur.*

L'*ut* ♯ qui se trouve dans l'accord de *la majeur* doit monter au *ré,* et s'il était suivi de l'accord de *fa majeur,* il descendrait sur l'*ut* ♮, ce qui ne peut être. Ex. 8.

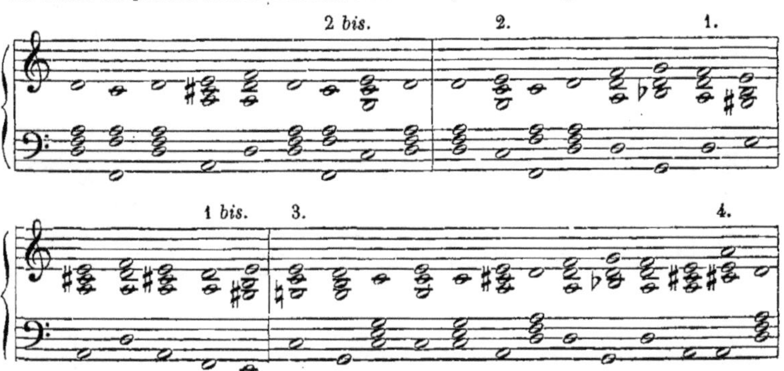

Résumé des difficultés qui peuvent se rencontrer dans les premier, deuxième et quatrième tons.

Les chiffres indiquent les différentes modulations et correspondent aux règles ci-dessus.

(1) Il y a ici deux quintes et deux octaves ; mais après un repos cela est permis.

Observations.—Ceux qui voudraient commencer à accompagner sans savoir transposer devront faire attention aux observations suivantes :

Les premier, quatrième et sixième *tons* ne se transposent pas, c'est-à-dire que la touche du clavier qui s'appelle *ut* doit se trouver devant l'*ut* de l'indicateur qui est devant le clavier.

Les autres tons se transposent à la dominante *la*.

Le *deuxième ton* devra porter vers la droite sa dominante *fa* devant le *la* de l'indicateur.

Les *troisième* et *huitième tons*, au contraire, porteront vers la gauche leur dominante *ut* devant le *la* de l'indicateur.

4

Le *cinquième ton* descendra aussi vers le côté gauche sa dominante *ut* devant le *la* de l'indicateur.

Enfin le *septième ton* portera aussi vers sa gauche sa dominante *ré* devant le *la* de l'indicateur.

TRANSPOSITION.

Les personnes qui commenceront la transposition devront bien se pénétrer que ce n'est pas une nouvelle étude de règles qu'elles feront, mais bien une nouvelle étude de mécanisme. En effet, ce qu'elles vont apprendre n'est que la réproduction exacte de ce qu'elles savent déjà. Mais ici ces exemples sont haussés ou baissés selon que les tons sont transposés plus haut ou plus bas.

Avec la gamme de *fa majeur*, on devra accompagner le *cinquième* et le *sixième tons*, tels qu'ils sont écrits dans le livre, c'est-à-dire avec la clef d'*ut* troisième ligne pour le *cinquième ton*, et avec la clef d'*ut* quatrième ligne pour le *sixième ton*.

Cependant, le *cinquième ton*, joué tel qu'il est écrit, serait trop haut pour certaines voix : aussi, le transpose-t-on ordinairement une tierce mineure plus bas, ce qui donne *ré* pour finale à la place de *fa*, et *la* pour dominante à la place d'*ut*.

Remarque. — Tous les tons de cette méthode sont transposés à la dominante *la*.

Le *cinquième ton* se lit alors comme s'il y avait une clef d'*ut quatrième ligne* avec deux dièses à la clef, si le *si est bémol* dans le livre, et avec trois *dièses* s'il ne l'est pas.

Du reste les modulations et les exceptions sont exactement les mêmes que dans la gamme de *fa*. Ici seulement, elles sont baissées d'une tierce *mineure*.

Gamme de ré majeur *servant à accompagner le* cinquième ton *transposé à la dominante* la.

MODULATIONS.

Pour comprendre les modulations ci-dessous, il ne faut pas perdre de vue que dans le *cinquième ton* transposé un ton et demi plus bas, c'est-à-dire dans la gamme de *ré majeur*, il y a deux dièses à la clef; mais si, dans le courant d'une pièce de chant, le *si* se trouve ♮, ce qui donne, dans la transposition un *sol*♯, alors, il y a trois ♯ à la clef.

Observations. — Lorsque le *si* est ♮ à la clef, ce qui donne un *sol* ♯ à la transposition, il vaudra mieux accompagner avec la gamme de *la majeur* les notes *la*, *si*, *ut*, par la raison toute simple qu'on est en *la majeur* avec trois ♯ et non en *ré majeur*.

Maintenant ce *sol* ♯ donne lieu à plusieurs modulations.

1º Si le *sol* ♯ monte au *la*, la modulation est en *la majeur* et ces deux notes *sol* ♯ et *la*, s'accompagnent comme dans la gamme de *la majeur*. Ex. 1.

Lorsque le *sol* ♯ n'est pas précédé du *fa* ♯, il vaut mieux l'accompagner par le *mi*. Ex. 1 *bis*.

Il en est de même si le *sol* ♯ est suivi du *si*. Ex. 1 *ter*.

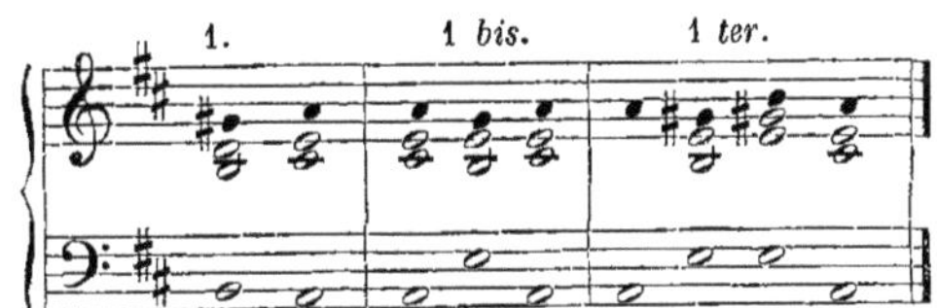

2º Si le *sol* ♯ descend au *fa*, la modulation est en *fa* ♯ *mineur*, et les notes *fa* ♯ et *sol* ♯ s'accompagnent comme dans la gamme de *fa* ♯ *mineur*. Ex. 2.

NOTA. — Lorsque le *la* précède le *sol* ♯, il devra s'accompagner en *la majeur*, c'est-à-dire par son octave (*la*) pour éviter deux quintes de suite. Ex. 2 *bis*.

Modulation interrompue. — Lorsque le *sol* ♯ descend au *fa*, il est quelquefois impossible d'accompagner ce *fa* en *fa*♯ *mineur*; c'est lorsqu'il est suivi du *ré* ou du *la*, il faut accompagner ce *fa* par le *ré*, pour éviter *deux quintes* et *deux octaves*. Ex. 2 *ter*.

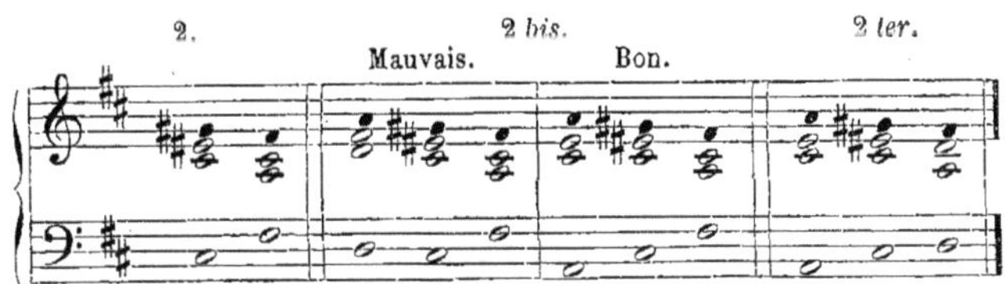

3º Si le *sol* ♯ descend au *fa* et au *mi*, la modulation est en *mi majeur* et ces trois notes *sol* ♯, *fa*, *mi*, s'accompagnent comme dans la gamme de *mi majeur*. Ex. 3.

Dans la modulation en *mi majeur*, lorsque le *fa* ♯ précède le *sol*, il faudra commencer à accompagner en *mi* dès le *fa*. Ex. 3 *bis*.

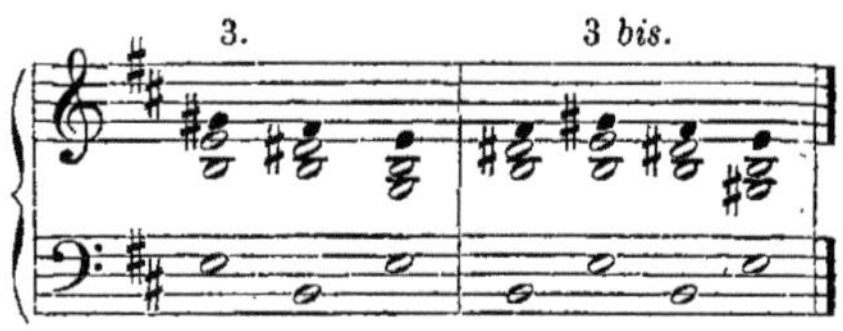

4° Lorsque les cinq notes *la, sol, fa, mi, ré*, se suivent, ce qui est très-rare, elles s'accompagnent comme dans la gamme de *la majeur descendante*. Ex. 4.

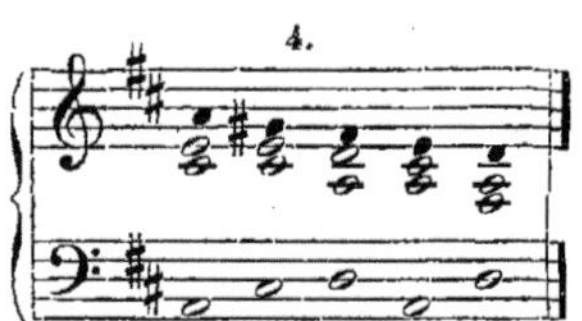

2e MODULATION.

Lorsque la mélodie descend au *si*, on peut accompagner, à partir de l'*ut* précédent, en *si mineur*. Cette modulation se trouve plutôt dans le bas de la gamme que dans le haut. Ex. 5.

Remarque. — Une fois le ton de *si mineur* bien caractérisé, si la mélodie monte au *ré* et se termine de nouveau par le *si*, on doit accompagner ce *ré* en *si mineur*. Ex. 5 *bis*.

3e MODULATION.

Lorsque la mélodie descend et s'arrête au *la*, les notes *si, la*, peuvent s'accompagner en *la majeur*. Ex. 6.

Observation. — Le *mi* suivi du *la*, s'accompagne selon la règle ordinaire, mais le *la* devra s'accompagner par son *octave*, sans cela on ferait deux quintes de suite. Ex. 7.

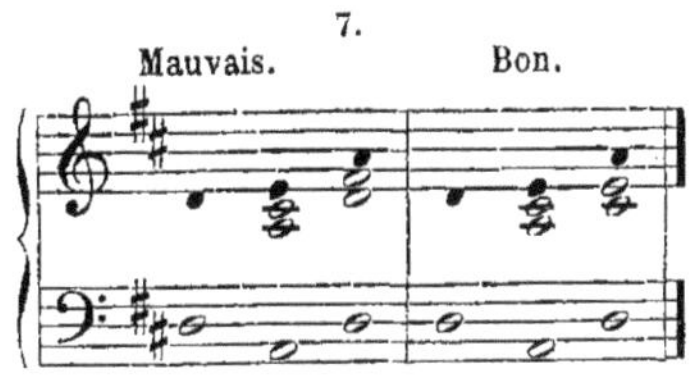

NOTES ISOLÉES.

Pour l'explication, voir l'exemple correspondant au cinquième ton non transposé.

Le *si* descendant de quinte ou de quarte. Ex. 8.

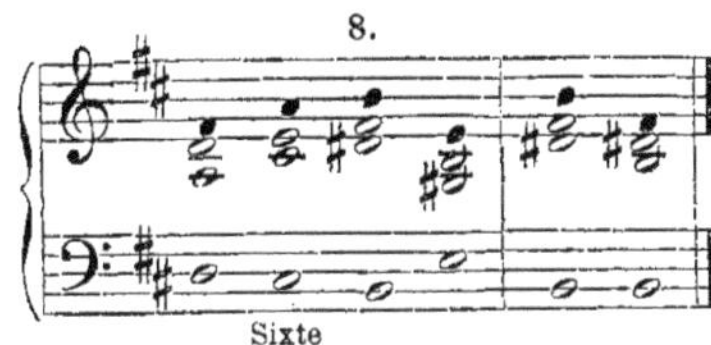

Il en est de même du *mi* descendant de quarte, c'est-à-dire au *si*. Ex. 9.

Pour éviter la monotonie qui résulterait d'accompagner toujours le *ré* par le *ré*, surtout quand cette note est précédée ou suivie du *mi*, on peut, pour varier l'harmonie, accompagner ce *ré* par *si mineur*. Ex. 10.

Lorsqu'il y a un repos sur le *fa* ♯, cette note doit être accompagnée par son accord *parfait majeur*, si ce *fa* ♯ est précédé du *sol*, ce *sol* sera accompagné par le *mi*. Ex. 11.

Résumé de toutes les difficultés qui peuvent se rencontrer dans le cinquième ton transposé.

Les chiffres indiquent les différentes modulations et correspondent aux règles ci-dessus.

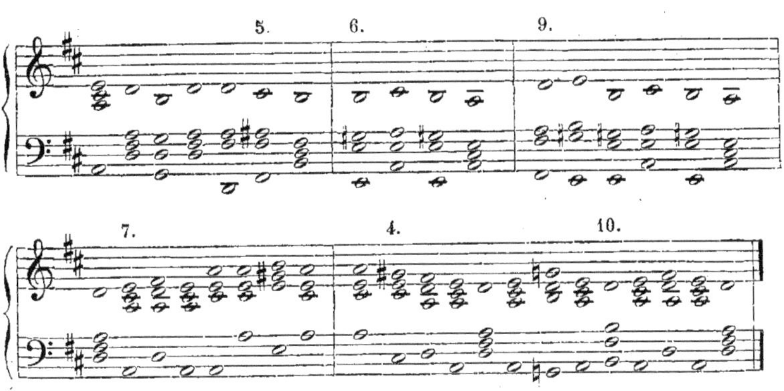

DEUXIÈME TON TRANSPOSÉ A LA DOMINANTE *LA*.

Le *deuxième ton*, joué tel qu'il est écrit, serait trop bas pour beaucoup de voix ; aussi a-t-on pris le parti de le transposer une tierce majeure plus haut ; par suite la finale *ré* devient *fa* ♯ et la dominante *fa* devient *la* et on lit avec une clef *d'ut quatrième ligne*, avec trois ♯ à la clef, quand le *si* est *bémol* dans le livre, et avec quatre ♯ lorsqu'il ne l'est pas.

Les gammes qui servent à accompagner ce deuxième ton sont la gamme de *fa* ♯ *mineur* avec le *ré* ♮, et la même gamme avec le *ré* ♯.

Nota. — Ces deux gammes se descendent de la même manière qu'elles se montent.

Il ne faut pas perdre de vue que ces deux gammes sont la reproduction de celles de *ré mineur* ; celles-ci sont haussées d'une tierce majeure.

MODULATIONS.

Le *sol* descendant d'une tierce ou au *mi* doit changer d'accord pour éviter une fausse relation et deux *quintes*. Dans ce cas, le *sol* doit être accompagné par le *mi*. Il en est de même du *mi* montant au *sol*. Ex. 1 et 1 *bis*.

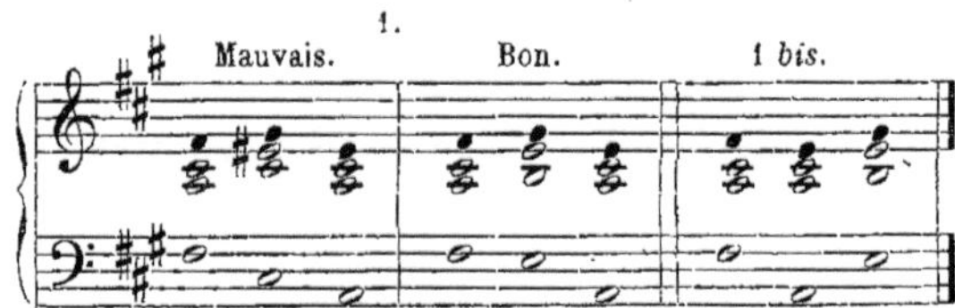

Lorsque la mélodie descend au *mi* et s'y arrête, il y a modulation en *mi majeur* ; à partir du *sol* qui précède, on accompagne selon la gamme de *mi majeur*. Ex. 2.

Lorsqu'on module en *mi majeur,* s'il vient après ce *mi* un *fa,* ce qui est très-fréquent dans le deuxième ton, il faudra accompagner ce *fa* en *ré*. Ex. 3.

Pour varier l'harmonie, on peut accompagner en *la majeur* toutes les phrases où il n'y a pas de *fa*. Ex. 4.

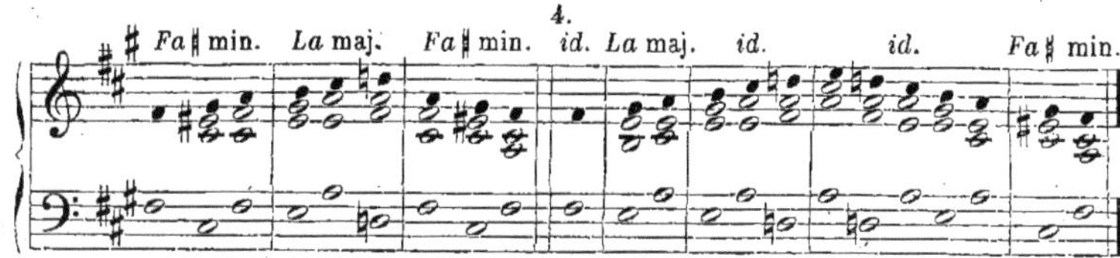

Exemple difficile tiré du Dies iræ, Tuba mirum.

Dans cette phrase le *ré* qui est *dièse*, étant suivi du *si*, ne peut être accompagné par aucune des deux gammes; il faut le considérer comme note isolée et l'accompagner par son accord *parfait majeur*, *ré* ♯, *fa double* ♯, *la* ♯, *ré* ♯. Ex. 5.

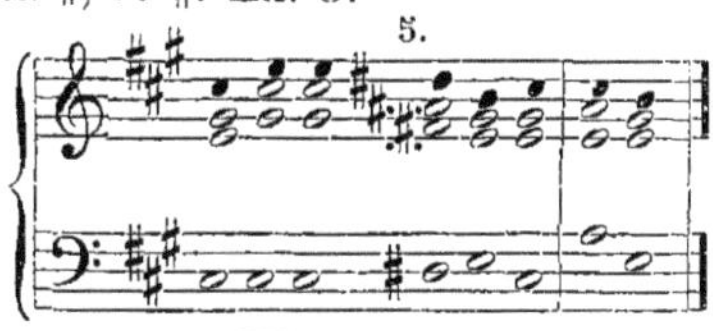

MANIÈRE D'ACCOMPAGNER LE DEUXIÈME TON *IN A.*

Ce ton se lit et s'accompagne comme le deuxième ton ordinaire, cependant il y a une modulation qui est propre à ce deuxième ton, c'est celle de *ré majeur*.

1º Chaque fois que le chant descend au *ré*, à partir du *mi* on accompagne comme dans la gamme de *ré majeur*. Ex. 6.

2º Le *si* ♭ dans le livre donne le *sol* naturel dans la transposition; à partir du *fa* qui précède ce *sol* ♮, on accompagne comme dans la gamme de *ré majeur*. Ex. 7.

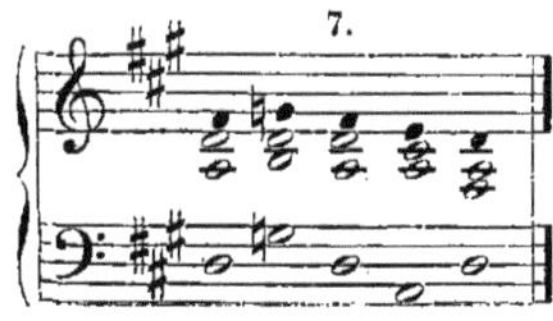

3º Lorsque la mélodie s'arrête au *si*, il y a modulation en *si mineur*, et les notes *ut* ♮, *si*, s'accompagnent comme dans la gamme de *si mineur*. Ex. 8.

Résumé de toutes les difficultés qui peuvent se rencontrer dans le deuxième ton transposé à la dominante *la*, et le deuxième ton *in A*.

Les chiffres indiquent les différentes modulations et correspondent aux règles ci-dessus.

(1) Lorsque la quinte ou cinquième note descend à la tonique, on peut accompagner cette quinte par son accord parfait majeur ; on la considère alors comme note isolée.

TROISIÈME ET HUITIÈME TONS TRANSPOSÉS
A LA DOMINANTE *LA*.

Le *troisième* et le *huitième tons* se baissent ordinairement d'une tierce mineure, alors la finale du *troisième ton* devient *ut* ♯ et la dominante *la;* la finale du *huitième ton* devient *mi* et la dominante *la*. On lit alors avec une clef de *fa troisième ligne* et trois ♯ à la clef. La gamme, les modulations et les exceptions sont exactement les mêmes que dans le *troisième et le huitième tons* non transposés, seulement ici elles sont baissées d'une tierce mineure.

Gamme servant à accompagner le *troisième* et le *huitième tons* transposés.

MI MAJEUR. 

Les six premières notes de cette gamme s'accompagnent selon la règle générale. La *septième note* n'étant pas une note sensible, puisqu'il y a un *ton* entre le *ré* et le *mi*, cette septième note s'accompagne par son accord de sixte, elle se descend de la même manière.

Finale du troisième ton (ut ♯). — L'*ut* ♯, qui est la finale du troisième ton transposé, doit s'accompagner par son accord *parfait majeur*. Généralement cet *ut* est précédé de *ré*, alors ce *ré* s'accompagne avec le *si*, c'est-à-dire en *si mineur*. Ex. 1.

MODULATIONS.

1º Le *si* ♭ dans le livre donne un *sol* naturel dans la transposition, et indique une modulation en *ré majeur* ; à partir du *fa* qui précède ce *sol* ♮, on accompagne en *ré majeur*. Ex. 2.

Nota. — Quelquefois, le *sol* ♮ n'est pas précédé du *fa*, mais du *mi*, dans ce cas, le *mi* est considéré comme faisant déjà partie de la modulation en *ré majeur*, et s'accompagne par *la*. Ex. 2 *bis*.

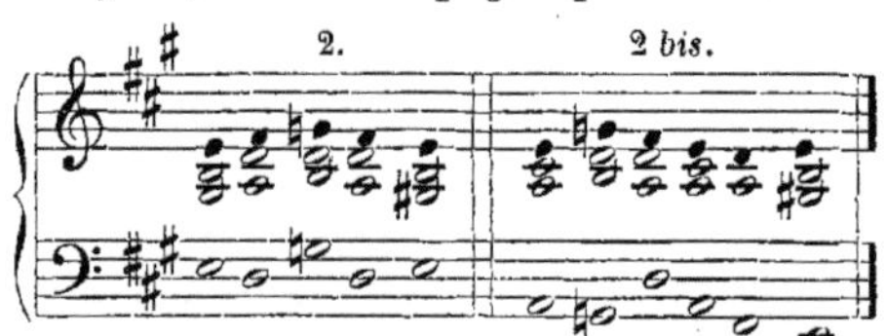

2º Le *fa* descendant au *mi* et au *ré* ou simplement au *ré*, s'accompagne comme dans la gamme de *ré majeur*. Ex. 3.

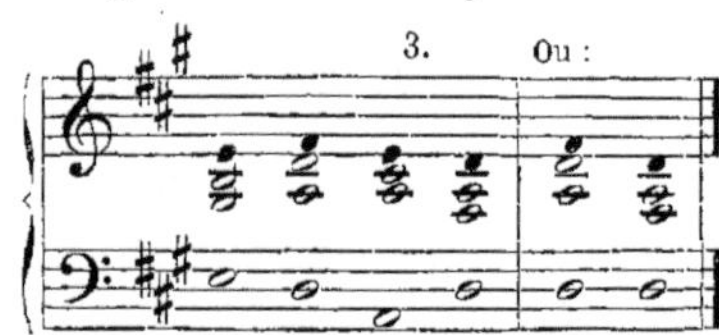

3º Lorsque les cinq notes *la, sol, fa, mi, ré,* se suivent, quand bien même le *mi* manquerait, cette phrase doit s'accompagner comme la gamme en *la majeur* descendante. Ex. 4.

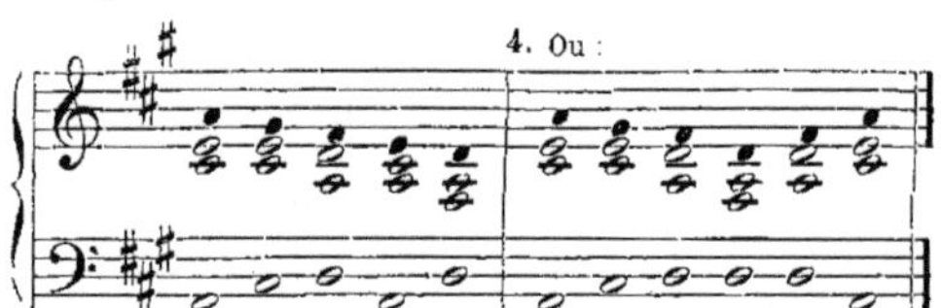

4º Lorsque le *fa* monte au *si*, ou lorsque le *si* descend au *fa*, il faudra accompagner ce *si* par son octave, pour éviter deux *quintes*, en outre le *la*, qui précédera ou suivra ce *si*, devra s'accompagner par son accord de *sixte*. Ex. 5.

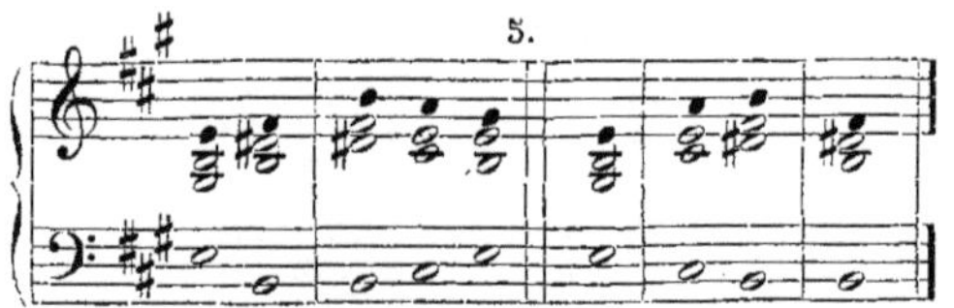

Nous avons dit que dans la gamme de *mi majeur* qui sert à accompagner le troisième et huitième tons, il n'y avait point de note sensible, c'est-à-dire que le *ré* était naturel, cependant la tradition exige quelquefois qu'on mette un ♯ devant le *ré*. Voici les seuls cas où l'on doit le mettre. Ex. 6.

Résumé de toutes les difficultés qui peuvent se rencontrer dans le troisième et le huitième tons transposés à la dominante *la*.

Les chiffres indiquent les différentes modulations et correspondent aux règles ci-dessus.

(1) Le *ré* commençant soit une pièce, soit une phrase de chant, s'accompagne par son octave.

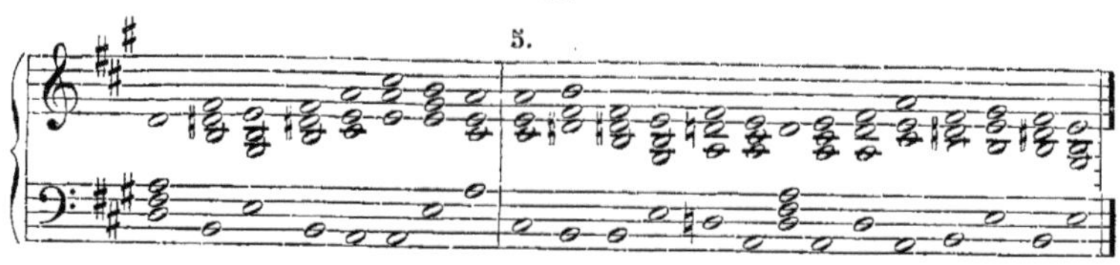

SEPTIÈME TON TRANSPOSÉ A LA DOMINANTE *LA*.

Le *septième ton* serait beaucoup trop haut si on le lisait tel qu'il est écrit, aussi le baisse-t-on d'une quarte; par suite, la finale *sol* devient *ré* et la dominante *ré* devient *la,* alors on lit avec une clef d'*ut première ligne* et un ♯ à la clef.

Les six premières notes de la gamme ci-dessous s'accompagnent suivant la règle générale, la *septième note* n'étant pas une note sensible s'accompagne par son accord de *sixte.* Elle se descend de la même manière.

Gamme du septième ton *transposé.*

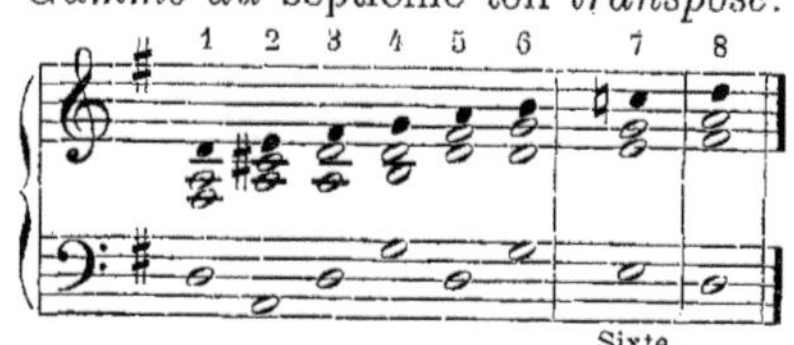

MODULATIONS.

La dominante du septième ton est *la.* Souvent il se trouve sur ce *la* un repos; comme tous les repos doivent s'accompagner par leur octave, si ce *la* est précédé de *sol,* il faudrait éviter d'accompagner le *sol* comme dans la gamme ordinaire, sans cela on ferait deux *octaves;* on l'accompagne par *si,* c'est-à-dire par son accord de *sixte.* Ex. 1.

Autre exemple où l'emploi de l'accord de *sixte* sur le *sol* sera nécessaire, c'est lorsque le *la* qui suivra ce *sol* descendra de *quarte* ou de *quinte,* c'est-à-dire au *mi* ou au *ré.* Le *la* est considéré comme note isolée, et s'accompagne par son octave. Ex. 1 *bis.*

Lorsque les quatre notes *la, si, ut, ré,* se suivent, soit en montant, soit en descendant, et que la phrase finit bien nettement par *la,* ces quatre notes devront s'accompagner selon la gamme de *la mineur.* Ex 2.

Quand bien même le *ré* manquerait à la phrase, ou devra néanmoins accompagner en *la mineur,* si la mélodie se termine par cette note. Ex. 2 *bis.*

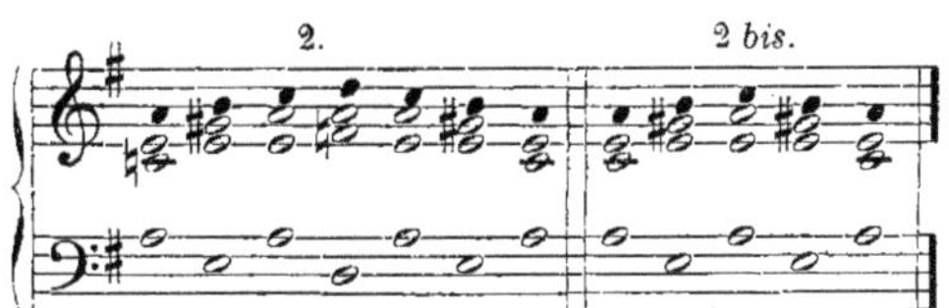

Lorsque la mélodie descend à l'*ut;* à partir du *mi* qui précède, on accompagne comme dans la gamme d'*ut majeur.* Ex 3.

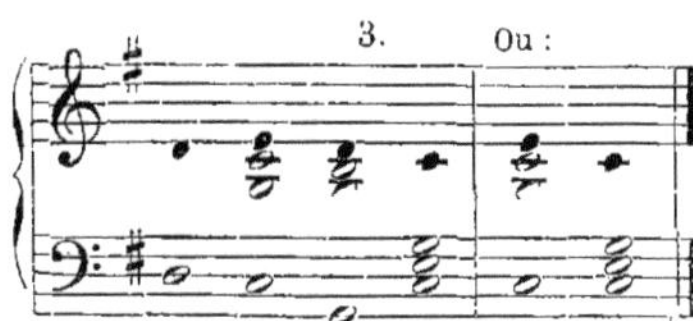

Le *si* ♭ dans le livre donne le *fa* ♮ dans la transposition et indique le ton de *ré mineur;* ce *fa* ♮ s'accompagne alors comme dans la gamme de *ré mineur.* Ex 4.

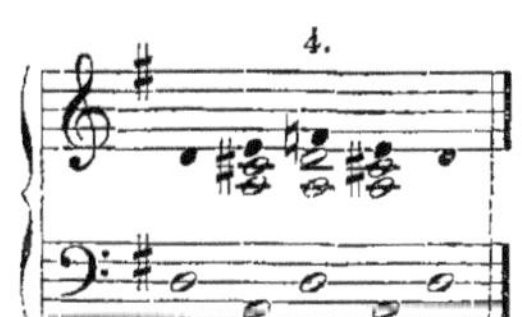

Lorsque la mélodie ne monte qu'à l'*ut,* il vaut mieux accompagner l'*ut* par son *octave* que par son accord de *sixte.* Ex. 5.

Résumé de toutes les difficultés qui peuvent se rencontrer dans le septième ton transposé à la dominante *la*.

Les chiffres indiquent les différentes modulations et correspondent aux règles ci-dessus.

(1) Le *mi* est considéré comme note isolée; par suite, le *ré* qui le précède devra être accompagné par son accord de *sixte*, et le *mi* par son accord *parfait majeur*.
(2) Terminaisons des strophes du *Lauda Sion*.

TONS EXTRAORDINAIRES.

QUATRIÈME TON *IN B*.

Gloria, *Sanctus* et *Agnus Dei* du Temps pascal.

Le *quatrième ton in B* se joue et se lit de la même manière que le *septième ton* transposé à la dominante *la;* seulement ici il y a une finale spéciale qui est *fa* ♯, et tantôt c'est le *sol* ♮ qui précède ce *fa* ♯, tantôt c'est le *mi*. Le *sol* s'accompagne par l'accord de *mi mineur* et le *mi* par l'accord de *sixte* du même ton. Ex.

CINQUIÈME TON *IN C*.

Alleluia de l'Assomption de la Sainte Vierge.

Le *cinquième ton in C* se lit tel qu'il est écrit; la gamme qui sert à l'accompagner est celle d'*ut majeur*.

Dans ce ton, on rencontre des modulations fréquentes en *sol majeur*. Dans ces modulations en *sol majeur*, le *fa* ♮ en fait partie, c'est-à-dire remonte au *sol;* alors ce *fa* s'accompagne par son accord de *sixte;* au reste, il doit s'accompagner ainsi toutes les fois que le *sol* qui le précède est accompagné par son *octave*. Ex.

6

TROISIÈME TON *IN A*.

Il n'y a qu'une pièce de chant qui soit notée avec la clef d'*ut deuxième ligne*, c'est la Communion *Beatus servus* du Commun d'un Confesseur Pontife, il y a eu évidemment erreur dans la notation primitive de cette pièce. Cependant, puisqu'elle existe ainsi, il faut savoir l'accompagner. On peut la transposer en lisant avec la clef d'*ut quatrième ligne*. Le *si* ♭ dans le livre donnera nécessairement un *mi* ♭ dans la transposition. Voici la manière d'accompagner la finale de cette pièce.

Mi ♭ majeur.

Nous voici arrivé à la fin de ce petit Traité. Plusieurs personnes pourront se dire qu'on aurait pu employer un plus grand nombre d'accords, et répandre par conséquent plus de variété dans l'accompagnement. Notre réponse sera facile. Le plain-chant diffère essentiellement de la musique par sa tonalité. Dans le principe, il n'avait pas d'accompagnement; l'usage ne s'en est établi que peu à peu. On chanta d'abord à deux parties, puis à trois, à quatre; l'accompagnement sur l'orgue vint ensuite. Maintenant qu'il se pratique presque partout, il faut, pour être convenable, qu'il soit en rapport avec le plain-chant, et de même que le plain-chant se distingue de la musique par la simplicité de sa mélodie, l'accompagnement doit se distinguer de celui de la musique par la simplicité de ses accords. C'est pour cela que nous n'avons employé que des accords qui rentraient dans la tonalité de chaque mode. Nous aurions cru faire preuve de manque de savoir et de goût en agissant autrement.

Toutefois, dans certaines pièces de chant toutes modernes, comme l'*Adoremus*, le *Rorate*, l'*Attende*, pourrait-on employer une plus grande variété d'accords. Nous-même l'avons fait dans notre livre choral, ouvrage très-important qui va paraître incessamment. Mais, nous le répétons, dans l'accompagnement du plain-chant proprement dit on doit absolument s'interdire des accords inventés par la tonalité moderne.

A VÊPRES.

De- us, in adjuto- ri- um meum in- ten- de. Al- le- lu- ia.
Temps septuagésimal.
Laus tibi, Do- mi- ne, Rex æternæ glo- ri- æ.
TONS DES PSAUMES (Principales finales).
In J. Int. Ten. ou dom. Méd. Ten. Terminaison.
1er TON.
In f. In g. In a.
e u o u a e e u o u a e
Sixte.
Aux fêtes de 1re et de 2e classe.
Et e- xul- ta- vit spi- ri- tus me- us.
1er ton irrégulier.

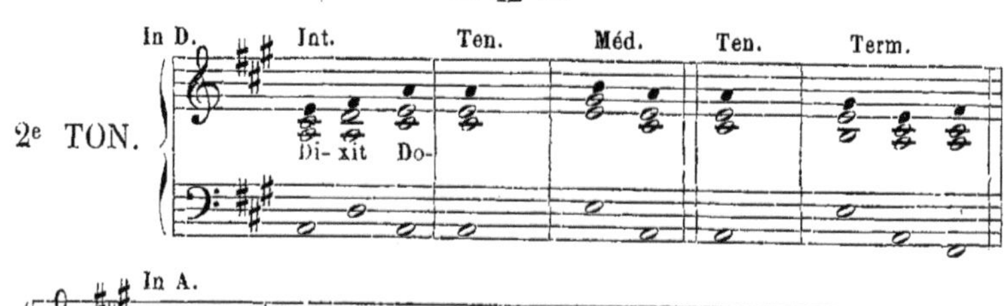
In D.
Int.	Ten.	Méd.	Ten.	Term.
2e TON.
Di-xit Do-

In A.
Di-xit

In a.
Int.	Ten.	Méd.	Ten.	Term.
3e TON.
Di-xit
e u o u a e

In a.
e u o u a e

In E.
Int.	Ten.	Méd.	Ten.	Term.
4e TON.
Di-xit
e u o u a e

In E.
e u o u a e

In a.
Int. Ten. Méd. Ten. Term.
5e TON.
Di- xit Do-
In F.
In F.
Int. Ten. Méd.
6e TON.
Di- xit
6e ton irrégulier in C, dit Ton Royal.
Di- xit Dominus Do- mi-no me- o, sede a de- xiris me- is.
In d.
Int. Ten. Méd. Ten.
7e TON.
Di- xit
In a.
In ç.
e u o u a e
e u o u a e

CHANT A LA BASSE.

Voici comment se fait d'ordinaire la gamme harmonique, lorsque le chant est à la basse. En montant, la première note reçoit son accord, ou accord de *tonique;* la deuxième note reçoit l'accord de septième de la dominante; la troisième prend l'accord de la tonique dans son premier renversement; la quatrième prend l'accord de septième de la seconde note.

Nota. — L'accord de *septième* de la deuxième note se place, comme son nom l'indique, sur la deuxième note d'une gamme; il se compose d'une tierce mineure, d'une quinte juste et d'une septième mineure. Ex.

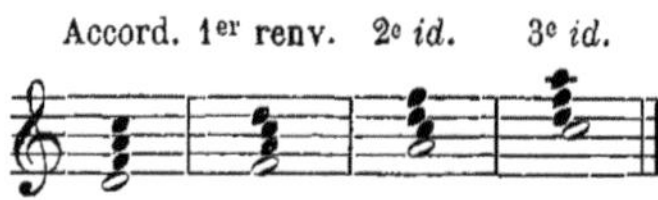

La cinquième ou dominante reçoit son accord parfait majeur; la sixième reçoit l'accord de la *sous-dominante* dans son premier renversement; la septième prend l'accord de *septième* de la dominante; enfin, la huitième note prend l'accord de la *tonique.*

En descendant, la huitième note prend son accord; la septième prend l'accord de la dominante. On module ordinairement sur la sixième note, pour éviter une longue suite d'accords consonnants, en passant dans le ton de la cinquième note. Par suite, la sixième note prend l'accord de *septième* de la dominante du nouveau ton, et la *cinquième* note, devenue tonique, prend son propre accord. Sur la quatrième note, on rentre dans le ton primitif, en lui donnant l'accord de septième de la dominante dans son troisième renversement; la troisième prend, comme en montant, l'accord de la tonique; la deuxième reçoit l'accord de septième de la dominante; et enfin, l'on termine par l'accord parfait de la tonique. On ne module sur la sixième note que dans le mode majeur. En mineur, cette note prend l'accord de la quatrième ou bien l'accord de sixte augmentée.

GAMMES HARMONIQUES AUX TROIS POSITIONS.

Dans la première position, l'octave de la basse est à la partie supérieure; dans la deuxième, c'est la tierce de la basse qui est à la partie supérieure; dans la troisième, c'est la quinte. La troisième position est moins bonne que les autres : employez-la rarement.

Gamme en UT. — 1re Position.

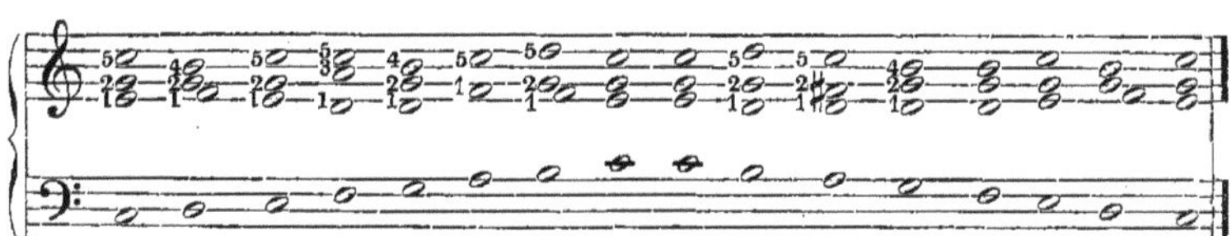

Gamme en UT majeur. — 2e Position.

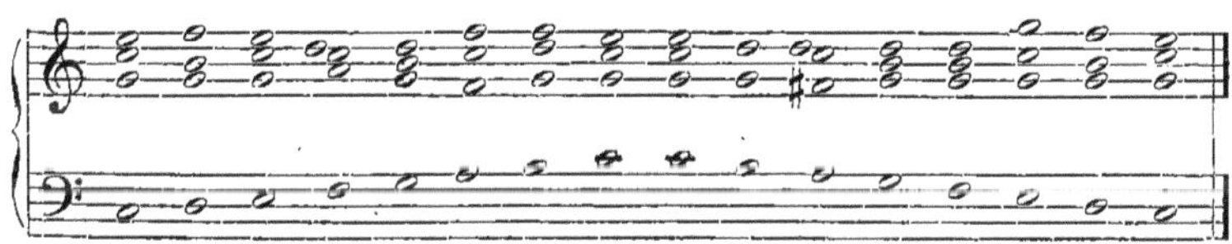

Gamme en UT majeur. — 3^e Position.

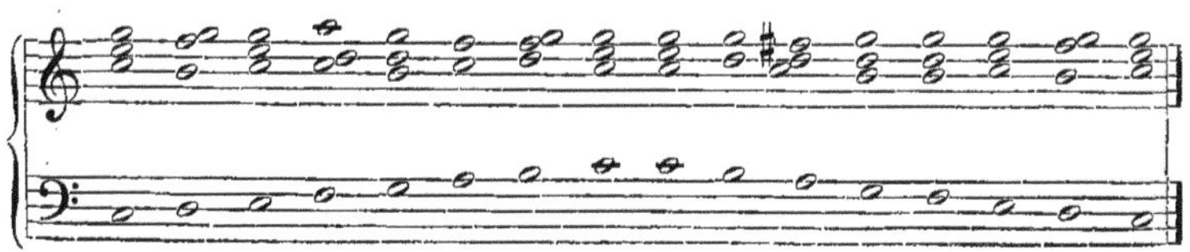

Gamme en LA *mineur.* — 1re *Position.*

Remarque. — Dans les gammes *mineures*, que la *sixte* soit *mineure* ou *majeure*, l'accord est le même.

Gamme en LA *mineur.* — 2^e *Position.*

Gamme en LA *mineur.* — 3^e *Position.*

Gamme en SOL *majeur.* — 1re *Position.*

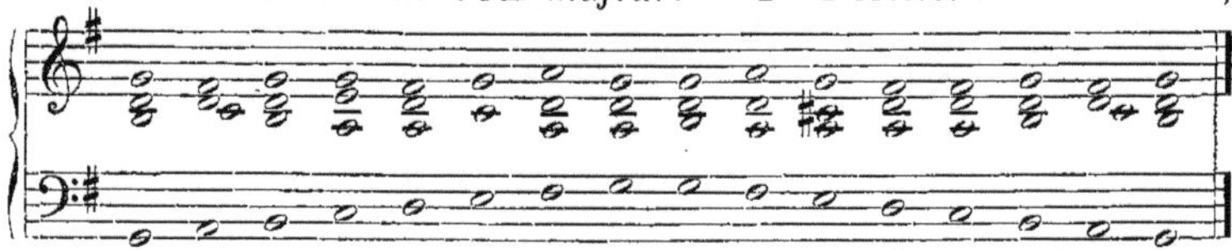

Gamme en SOL *majeur.* — 2^e *Position.*

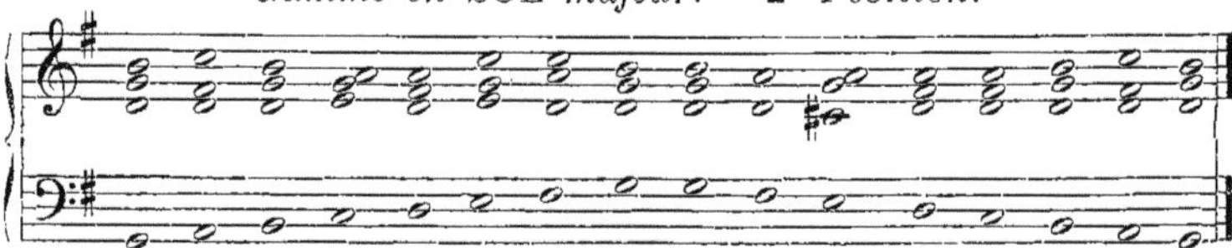

Gamme en SOL *majeur.* — 3^e *Position.*

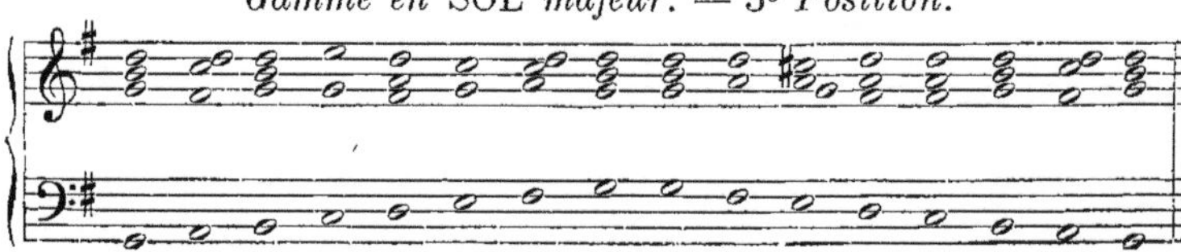

Gamme en MI *mineur.* — 1re *Position.*

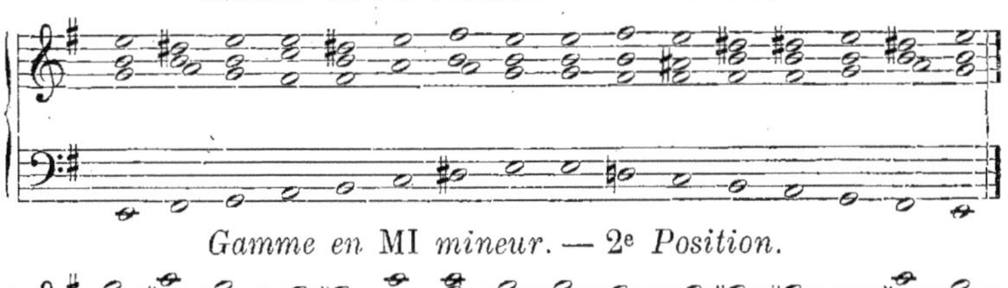

Gamme en MI *mineur.* — 2e *Position.*

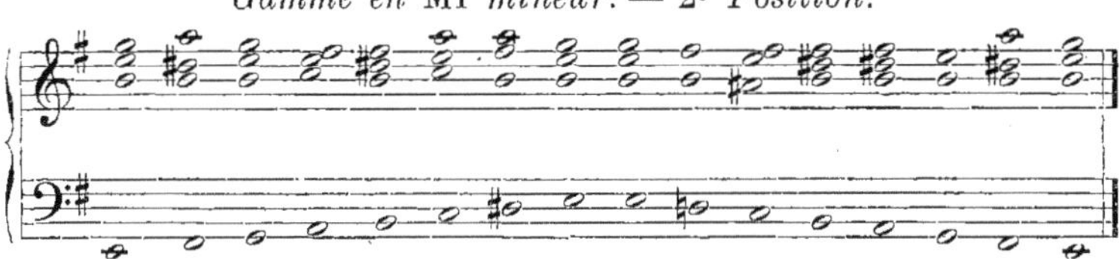

Gamme en MI *mineur.* — 3e *Position.*

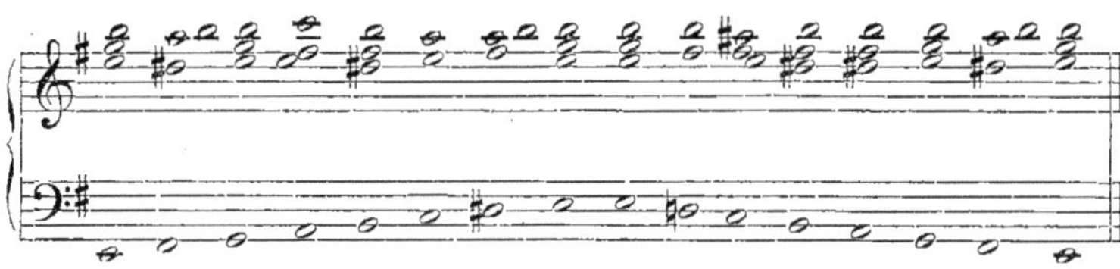

Gamme en FA *majeur.* — 1re *Position.*

Gamme en FA *majeur.* — 2e *Position.*

Gamme en FA *majeur.* — 3e *Position.*

Gamme en RÉ mineur. — 1ʳᵉ Position.

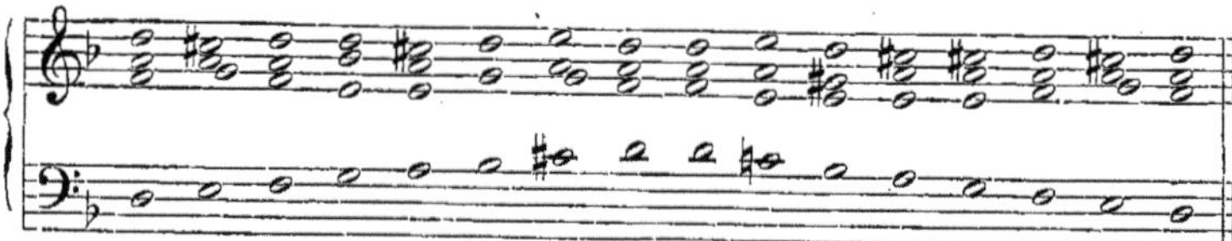

Gamme en RÉ mineur. — 2ᵉ Position.

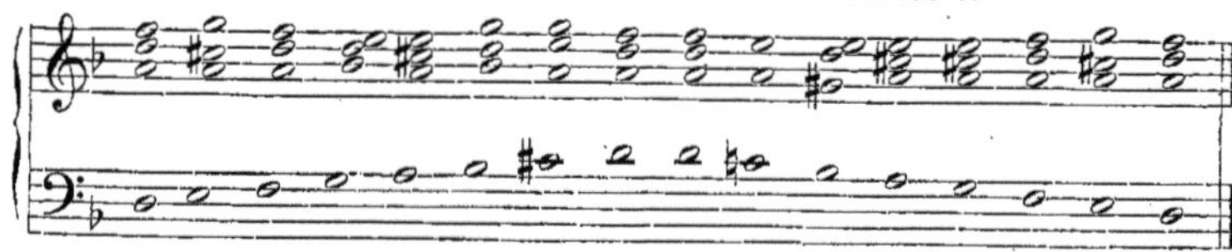

Gamme en RÉ mineur. — 3ᵉ Position.

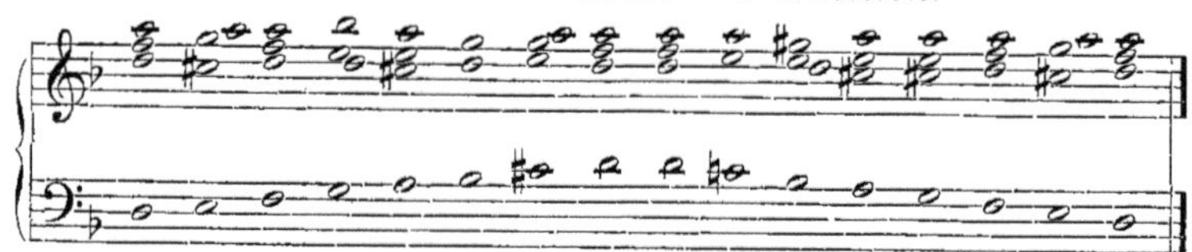

D'après ces nombreux exemples il sera facile de construire les autres gammes.

RÈGLE D'ACCOMPAGNEMENT.

Pour accompagner le *Plain-Chant* placé à la *Basse*, on commence par faire l'analyse du morceau comme si l'on voulait l'accompagner à la partie supérieure, en ayant égard aux notes étrangères au ton primitif et aux notes de repos. Du reste, les exceptions et les modulations sont exactement les mêmes que pour la partie supérieure.

PRINCIPES DE PLAIN-CHANT.

Le *Plain-Chant* s'écrit sur quatre lignes que l'on nomme *portée*. Les lignes se comptent de bas en haut.

Les sons du plain-chant sont représentés, comme ceux de la musique, par des signes appelés *notes*. Il y a sept notes : *UT, RÉ, MI, FA, SOL, LA, SI*.

Les notes du plain-chant sont de trois sortes, savoir : la *carrée* ou *note commune*, la *longue* ou *note à queue* et la *brève* ou *losange*.

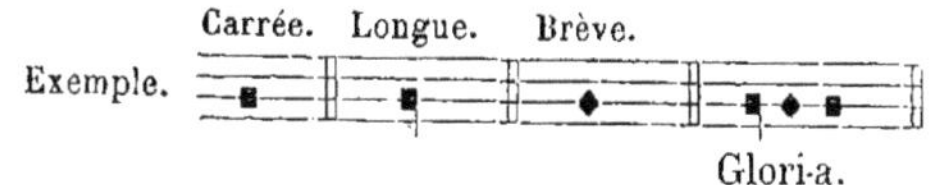

La *longue* est toujours employée devant la brève, comme on le voit dans le mot *Gloria* de l'exemple ci-dessus.

La *carrée* est prise pour unité et vaut un temps, la *longue* un temps et demi, et la *losange* un demi-temps.

Le nom d'une note ne dépend pas seulement de la place qu'elle occupe sur la portée, mais encore d'un signe appelé *clef*.

Il y a en plain-chant deux clefs, la clef d'*UT* et la clef de *FA*.

La clef d'*UT* se place le plus ordinairement sur la troisième et sur la quatrième ligne, quelquefois aussi sur la deuxième et même sur la première.

La clef de *FA* se place sur la troisième ligne.

La *clef* donne son nom à la note qui est placée sur la même ligne qu'elle. Cette note connue sert de point de départ pour connaître toutes les autres.

FORMATION DES MODES.

Les sept notes employées dans le plain-chant servent de base chacune à une octave ou gamme toujours formées de *cinq tons* et de *deux demi-tons*, ce qui donne sept gammes ou octaves.

— 50 —

Chacune de ces gammes peut être divisée de plusieurs manières, dont deux seulement sont en usage dans le plain-chant. La première division se fait en prenant la cinquième note de l'octave pour point de partage; la deuxième division se fait en prenant la quatrième note. Dans le premier cas, l'on a une quinte au-dessous de la note de partage et une quarte au-dessus. Dans le second cas, c'est la quarte qui est au-dessous et la quinte qui est au-dessus.

Ces deux divisions d'une même octave constituent deux modes, vulgairement et mal à propos appelés *tons*. La première forme le mode authentique ou principal, la seconde le mode plagal ou collatéral.

Chacune des sept gammes étant ainsi divisée de deux manières, on devrait compter quatorze modes; mais l'Eglise les a réduits à huit en supprimant ou en transposant les autres.

La *finale* est la note qui termine une pièce de chant. Il y a quatre finales pour les huit tons du plain-chant, *RÉ*, *MI*, *FA*, *SOL*; chacune de ces finales sert pour deux modes : ainsi le premier et le deuxième ont *RÉ* pour finale; le troisième et le quatrième ont pour finale *MI*; le cinquième et le sixième ont pour finale *FA*; le septième et le huitième ont pour finale *SOL*.

Les tons ou modes *authentiques* ou *impairs* sont le 1er, le 3e, le 5e et le 7e; les tons *plagaux* ou *pairs* sont le 2e, le 4e, le 6e et le 8e.

Dans les modes *authentiques*, l'échelle ou gamme part de la *finale*; dans les modes *plagaux*, l'échelle commence une quarte au-dessous de la *finale*.

Outre la finale qui est la note principale du chant, il y en a encore une autre qui aide à caractériser le ton ou mode; cette note est appelée *dominante*. Chaque ton a sa dominante propre. Tous les Psaumes se chantent sur la *dominante*.

ÉCHELLES DES HUIT MODES AVEC LEURS FINALES ET LEURS DOMINANTES.

1er TON AUTH.	2e TON PLAG.	3e TON AUTH.	4e TON PLAG.	5e TON AUTH.	6e TON PLAG.	7e TON AUTH.	8e TON PLAG.
Quarte. Ré. Ut. Si. *Quinte.* La dom. Sol. Fa. Mi. Ré fin.	*Quinte.* La. Sol. Fa. Mi. Ré fin. *Quarte.* Ut. Si. La.	*Quarte.* Mi. Ré. Ut dom. *Quinte.* Si. La. Sol. Fa. Mi fin.	*Quinte.* Si. La dom. Sol. Fa. Mi fin. *Quarte.* Ré. Ut. Si.	*Quarte.* Fa. Mi. Ré. *Quinte.* Ut dom. Si. La. Sol. Fa fin.	*Quinte.* Ut. Si. La dom. Sol. Fa fin. *Quarte.* Mi. Ré. Ut.	*Quarte.* Sol. Fa. Mi. *Quinte.* Ré dom. Ut. Si. La. Sol fin.	*Quinte.* Ré. Ut dom. Si. La. Sol fin. *Quarte.* Fa. Mi. Ré.

Il faut remarquer que le *LA* est la dominante des 1er, 4e et 6e tons, que *UT* est la dominante des 3e, 5e et 8e tons, que *FA* est la dominante du 2e, et *RÉ* du 7e ton.

Le discernement des tons *authentiques* et des tons *plagaux* est indispensable à celui qui donne le ton au chœur, surtout s'il n'y a pas d'instruments à accompagner, car si le chant est dans un ton plagal, il doit prendre la finale à peu près dans le milieu de la voix, et si le ton est authentique il doit la prendre dans le bas. Faute de cette observation, on expose les voix à se forcer ou à n'être pas entendues.

Les tons ou modes du plain-chant se divisent en tons *parfaits*, *imparfaits*, *surabondants* et *mixtes*. Un ton est *parfait* lorsqu'il atteint les deux notes extrêmes de son échelle diatonique. Il est important de remarquer ici que les tons *authentiques* peuvent descendre d'une note au-dessous de leur finale sans cesser pour cela d'être parfaits, et qu'au contraire les modes *plagaux* peuvent monter d'une note au-dessus de leur échelle sans cesser pour cela d'être parfaits.

Un ton est *imparfait* lorsqu'il n'atteint pas les deux extrêmes de son échelle diatonique.

On appelle tons *surabondants* les tons qui montent ou descendent d'une ou de plusieurs notes au-delà des limites de leur échelle diatonique.

Un ton *mixte* est celui qui emprunte plusieurs notes à son authentique s'il est plagal, à son plagal s'il est authentique.

Quelquefois on rencontre dans les livres de chant des pièces écrites avec d'autres clefs que celles qui leur sont habituelles; tels sont les 2e *ton in* A, 5e *ton in* C, 4e *in* B. Ce sont des morceaux qui diffèrent très-peu du ton dans lequel on les a mis, et qui faisaient partie des tons supprimés par l'Église. Quelques auteurs cependant reconnaissent ces modes qu'il est bon de savoir pour se faire une idée de la constitution du plain-chant.

Le 2e *ton in* A est plagal comme tous les modes pairs, il a pour finale *la*, comme la lettre A l'indique (A B C D E F G. / La, si, ut, ré, mi, fa, sol.), pour dominante *ut*, et pour échelle *mi*. Ex.

Le 5e *ton in* C est authentique comme tous les tons impairs, l'échelle part de la finale *ut*, la dominante est *sol*. Ex.

Le 4e *ton in* B est plagal; sa finale est *si*, sa dominante *mi* et son échelle *fa*. Ex.

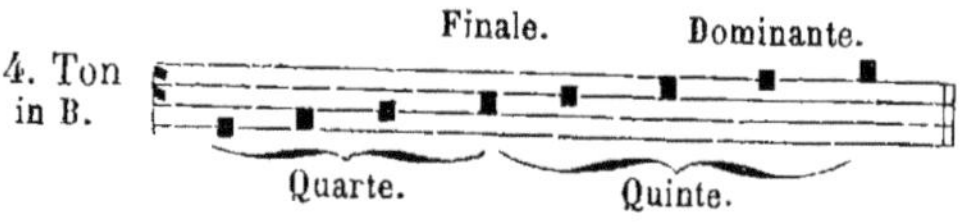

NOTIONS SUR LA PSALMODIE.

On entend par *Psalmodie* le chant des psaumes de David et des cantiques tirés de l'ancien et du nouveau Testament.

Les psaumes sont divisés par versets, et chaque verset est divisé lui-même en deux parties, dont la première est séparée de la seconde par un repos que l'on nomme *médiante*.

Ce repos est indiqué par un astérisque. Il y a quatre choses à distinguer dans le chant du verset d'un psaume : l'*intonation* ou *introduction*, la *dominante* ou *teneur*, la *médiation* et la *terminaison* ou *conclusion*.

L'*intonation* ou *introduction* est la modulation par où commence le premier verset d'un psaume ; elle contient toutes les notes qui conduisent à la dominante, y compris la première note de cette dominante. Il y a des intonations qui ont deux notes jointes ensemble; ce sont celles des 1er, 3e, 4e et 6e tons, et celle du 7e qui est doublement liée, c'est-à-dire qu'il y a deux notes sur la première et sur la deuxième syllabe.

Celles des trois autres tons ont leurs notes séparées, ce sont des intonations non liées. Il est à remarquer que les intonations non liées exigent trois syllabes, au lieu que deux suffisent pour les autres.

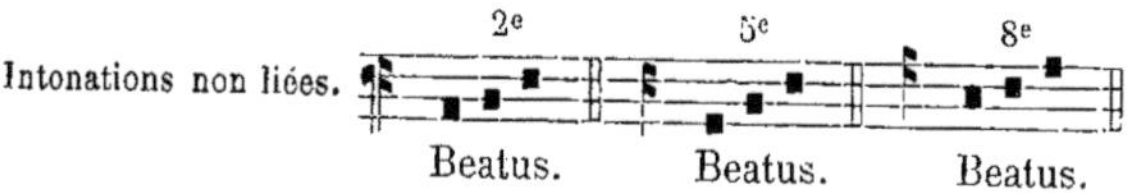

Exception. — Lorsque dans les intonations liées il se trouve une brève sur la liaison, la syllabe brève ne compte pas et la liaison se fait sur la suivante.

Dans les intonations non liées les brèves comptent comme les autres.
Exemple.

L'intonation des psaumes ne se fait qu'à *Matines*, à *Laudes* et à *Vêpres des Fêtes doubles et au-dessus*. Elle se fait au premier verset seulement, les autres versets commencent par la *dominante*.

Dans les *semidoubles* et *simples*, l'intonation commence sur la *dominante*.

L'intonation conduit le chant à une note sur laquelle on chante le corps du verset. Cette note domine nécessairement puisqu'elle se fait entendre sur le plus grand nombre de syllabes; aussi l'appelle-t-on *dominante* ou *teneur*. La *dominante* règne depuis la dernière note de l'intonation jusqu'à la médiation, elle reprend après la médiation et se prolonge jusqu'au commencement de la terminaison. Le 1er *ton irrégulier* et le 6e ton dit *royal* ont deux dominantes; depuis la médiation jusqu'au commencement de la terminaison le chant se fait sur la note au-dessous de la dominante. Ces deux tons sont appelés irréguliers à cause des deux dominantes qu'ils renferment.

La *médiation* est une petite phrase de chant qui se trouve immédiatement avant l'astérisque. Elle commence à la première note qui s'écarte de la teneur.

Il y a des médiations de *deux* et de *quatre* syllabes.

Les premières sont celles des 1er, 2e, 5e, 6e et 8e tons. Les secondes appartiennent aux 3e, 4e et 7e tons. Ex.

Médiations de deux syllabes.

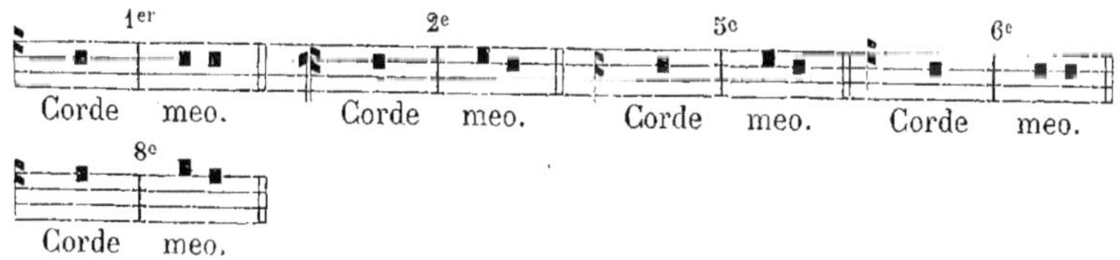

Médiations de quatre syllabes.

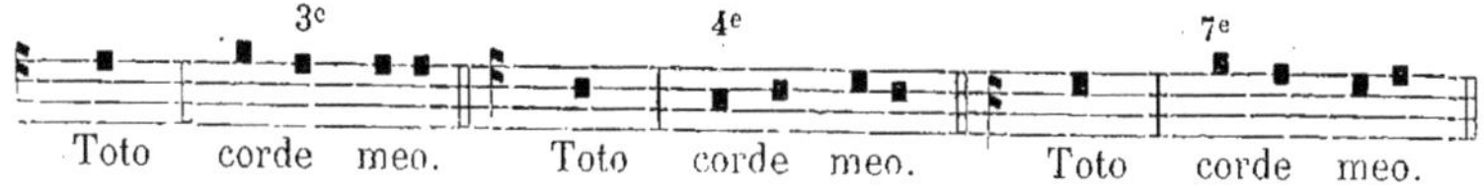

La médiation ne change pas ordinairement. Quelquefois cependant, celle du 2e, du 4e, du 5e et du 8e tons varie ; et cela a lieu lorsqu'elle se fait sur un nom hébreu indéclinable ou lorsqu'un monosyllabe termine la première partie du verset, car alors au lieu d'élever l'avant-dernière syllabe, comme le ton le demande, on élève la dernière. Ex.

Noms hébreux et monosyllabes.

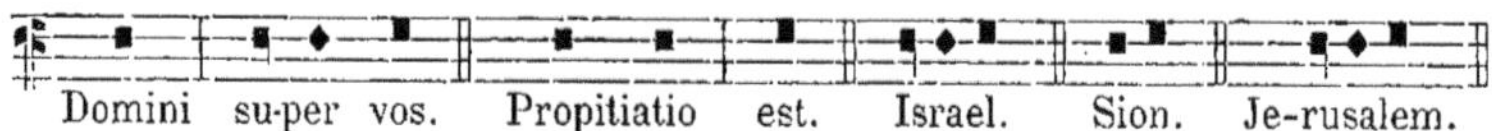

La médiation du quatrième ton est de quatre syllabes. S'il y a un mot hébreu ou un monosyllabe on descend sur la troisième avant-dernière syllabe. Ex.

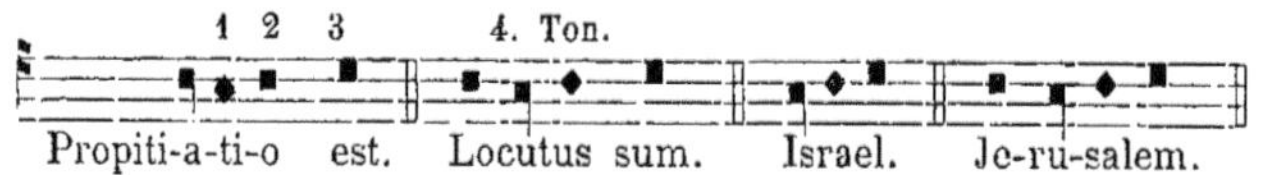

La *terminaison* est la modulation qui s'exécute sur les dernières syllabes de chaque verset. Elle commence à la dernière note qui s'éloigne de la teneur et elle se fait aussi à tous les versets. Elle est ordinairement écrite sur le mot E U O U A E, qui est l'abréviation des deux mots *seculorum, amen*.

Les terminaisons presque partout sont désignées par des lettres, qui se rapportent au degré de la gamme sur lequel elles appuient leur finale d'après l'ancienne notation alphabétique. Ainsi, 1er *in* A. veut dire 1er *ton* finale *LA* ; 7e *in* b, 7e *ton* finale *SI* ; 8e *in* C, 8e *ton* finale *UT*, etc.

Les terminaisons qui ont la même finale que le ton dont elles dépendent se marquent par une lettre majuscule, et les autres par des minuscules. On emploie différents caractères pour les distinguer, quand il y en a plusieurs qui finissent de la même manière. Parmi les terminaisons, les unes demandent trois sillabes ; le plus grand nombre en veut quatre. Une *seule* en exige *cinq*. Ex.

Terminaisons de trois syllabes.

Terminaisons de quatre syllabes.

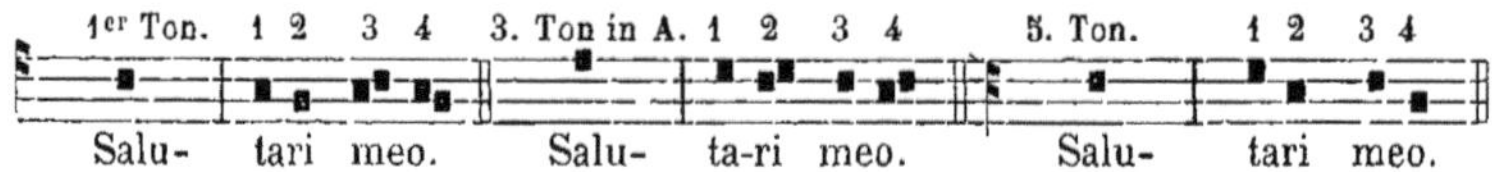

Terminaison de cinq syllabes.

Nous engageons fortement nos élèves à faire l'acquisition du *Psautier* noté en entier et édité chez M. VATAR. Cet ouvrage leur sera très-utile et facilitera singulièrement la bonne exécution toujours si difficile à obtenir dans le chant des *Psaumes*.

TABLE DES MATIÈRES.

Rennes, impr. de H. Vatar.

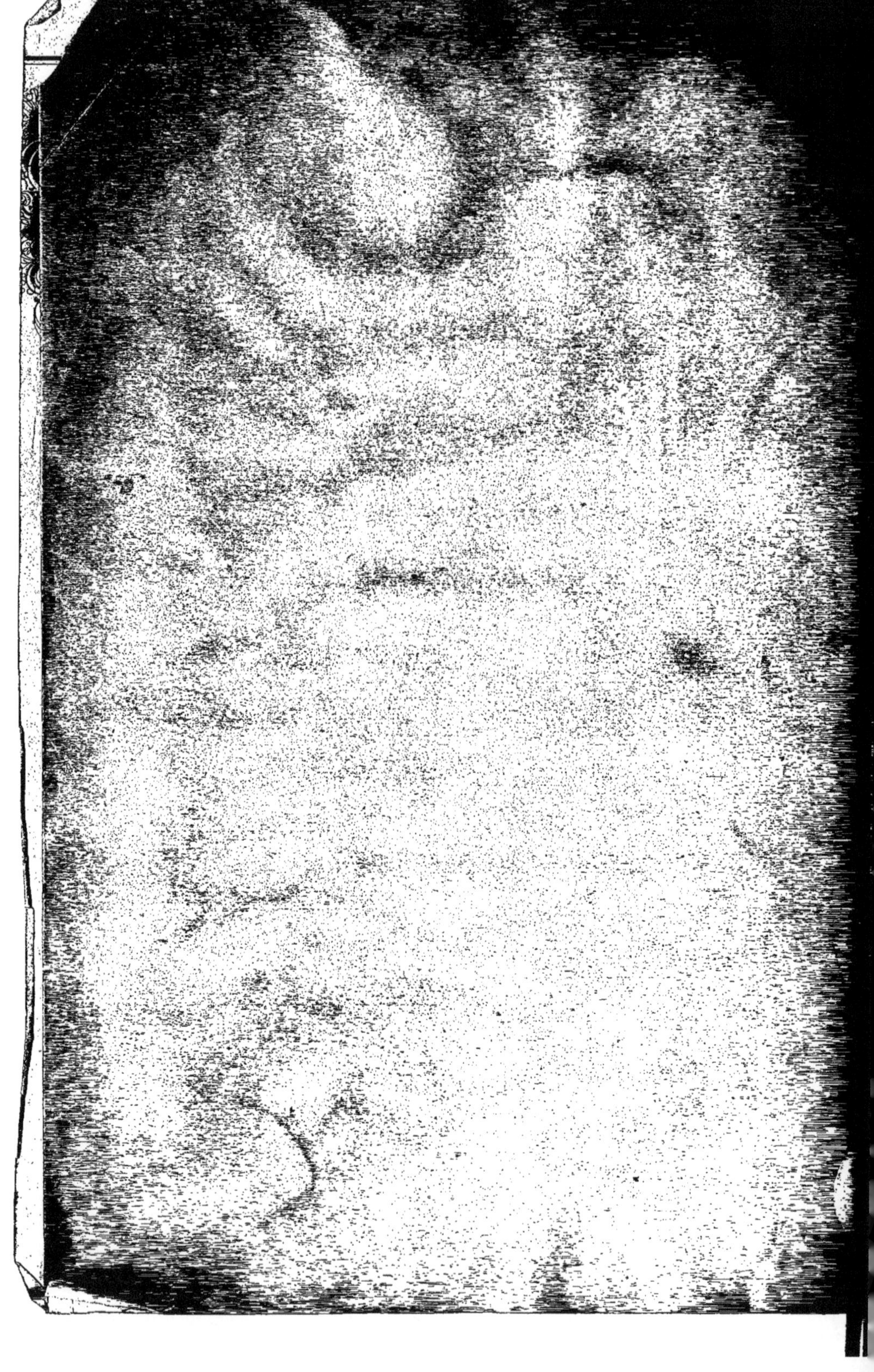